Wolfram Hahn

Regenbogen

Gedichte über die Farben des Lebens

www.tredition.de

© 2018 Wolfram Hahn

Verlag & Druck: tredition GmbH, Hamburg

ISBN
Paperback   978-3-7469-3790-8
Hardcover   978-3-7469-3791-5
e-Book   978-3.7469-3792-2

Bunt sind die Farben des Lebens,
so bunt, wie die Blumen der Welt. –
Vielfalt, sie wäre vergebens,
wenn sie nicht den Geist uns
beseelt.

Das Lied der Nachtigall

Der Mond steht hell am sternenübersäten
Himmel
und zeichnet auf den See wie auf ein dunkles
Seidentuch
die weiche Silbermähne von Poseidons
Schimmel. –
Ruhevoller Frieden! – Ein sanfter Schlaf liegt
auf dem Luch.

Da, plötzlich hebt es an, ein Zwitschern voller
Lieblichkeit.
Ein märchenhaftes Lied erklingt im Schutz der
alten Föhren,
und immer lauter wird das Rufen in der
Dunkelheit. –
Aus weiter Ferne ist ein leises Echo noch zu
hören.

Ein sanftes Zittern mit Flötentönen zart und
süß –
es schluchzt und seufzt durch diese schöne
Frühlingsnacht.
Und immer neu erdachte Melodien sind
gewiss,
entfalten sich in einer nie gehörten Pracht.

Erregung wächst, und gern wird manche
Stunde nun durchwacht,
zu lauschen dieser bunten Vielfalt schönster
Reigen.
Sehnsuchtsvoll ergriffen von einer
unsichtbaren Macht,
die sich der Seele und dem Herzen kann nur
zeigen.

Wer müde war, schläft nun nicht ein.
Der Kranke lächelt und vergisst sein Leid.
Der stille Friedhof muss nicht mehr nur Ort
der Trauer sein.
Erklungen ist das Lied der Liebe und der
Fröhlichkeit.

Der Nachtigallen hohes Lied ist angestimmt
und öffnet uns die Seele voller Wonne.
Nicht nur die Ohren sind's, es ist das Herz,
was es vernimmt,
uns hoffen lässt auf lang ersehnte
Frühlingssonne.

Es ist ein Klang aus weiten Himmelshöh'n,
der Engel Flöten schönes Widerspiel,
als ob sanfte Winde über Harfensaiten geh'n
und aus gold'nen Sternen das Diadem des
Frühlings fiel.

Abschied und Wiederkehr

Abschied nehm´ ich von dir , meine Rose.
Von dir, die alle meine Sinne schärfte;
die mich mit ihrem zarten Duft liebkoste
und deren wahre Schönheit mich verzehrte.

Letzte Knospe - noch ein jugendlicher Glanz?
Schenk doch im Herbst noch einmal deine
Fülle!
Kommt erst Frost und tötet deine Schönheit
ganz,
entführt er dich in Eis- und Winterstille.

Doch gib mir Mut, zu hoffen und zu glauben
über Kälte und den bitteren Tod,
dass niemand kann geheime Schönheit rauben,
auch wenn des Winters harte Kälte droht.

Siegen wird die Zeit, der Sonne wärmende
Kraft.
Sie wird dich erwecken aus tiefem
Winterschlaf.
Sie, die in dir Leben und neue Schönheit
schafft.
Ein fernes Leuchten als Freude ins Herz mich
traf.

Der Stein

Millionen Jahre alt und oft gewendet,
zersprengt, geschliffen, gelagert und besandet,
versunken in des Meeres große Tiefen,
geprägt mit Löchern und mit Riefen,
in seiner Starrheit doch verändert in Gestalt.
Danach geschleudert aus dem Meer mit Urgewalt
und hingeworfen an des Ufers Rand,
von heißer Sonnenglut gebrannt,
gestoßen von der Gezeiten Brandung,
endlich dann nach seiner letzten Landung
viele tausend Jahre überdeckt mit Sand,
durch Kraft des Windes wieder freigelegt ich
ihn dort fand
und fühle sein bewegtes Leben

Das Frühlingsspiel
Hiddensee im Mai 1990)

Jetzt ist der Duft betörend, mit dem der
Weißdorn sich umgibt,
in dessen Kelchen sich Myriaden von Insekten
tummeln
und jeder sich in diesen süßen Himmelbetten
liebt,
wo es nun einzigartig summt von Käfern,
Bienen und von Hummeln.

Der Traubenkirschen helle Pracht, sie ist noch
nicht erblüht;
noch deckt das grüne Jungfernkleid die blanke
Schönheit zu,
da hat im dichten Dornenstrauch die erste
Heckenrose schon geglüht.
Spendet Sonne jetzt die Wärme, so bricht ein
Feuer aus im Nu.

Schon schaukeln Schmetterlinge über bunte
Wiesen
und suchen einen Partner ihrer Wahl,
dem sie sich gern zur Lust am neuen Leben
überließen
im Meer der bunten Blüten ohne Zahl.

Das ist die Zeit, wo auf zum Himmel
tirilierend Lerchen steigen,
zu keiner Stunde verstummt der Nachtigallen
Schlagen.
Es ist das zauberhafte Frühlingsspiel – ein
fester bunter Reigen.
O öffnet eure Herzen, es will euch so viel
sagen!

Die gelbe Symphonie

Schon wartet tagelang die Blüte
vom gelben Traum Forsythia,
die in der Knospe sich verfrühte,
auf Sonne. – Endlich bist du da!

Schon reckt sich`s in den gold´nen Kelchen,
die nachts vom Frost gepeinigt waren.
Es schwellen tausend kleine Bällchen;
nicht länger sind sie Winters Narren.

Vorwitzig brechen an den Spitzen
schon die ersten Blüten auf
und lassen ihre Fahnen blitzen.
Sie künden an den Frühlingslauf.

Dann bricht sie los, die Invasion!
Die Symphonie in blankem Gold
vermittelt Sommerillusion,
die Winter nur Verachtung zollt.

Zum Frühlingssieg wird schon geblasen
von warmer Sonne großer Macht.
Sie lässt des Winters Kraft verblassen;
sie macht, dass mir das Herze lacht.

Königin der Nacht

Unscheinbar der Kaktus, wo sie geboren wird.
In sich verschlungen lange, grüne
Stacheltriebe.
Doch eine Ahnung wächst, hast du sie erst
erspürt
die Knospen, sanft umsponnen mit
mütterlicher Liebe .

Ganz plötzlich schiebt sie sich heraus aus
ihrem Nest,
und üppig gold´ne Fäden wachsen lang heraus.
Die Zeit sie läuft, es wird gepumpt und arg
gepresst –
schon wächst ein Diadem aus dem
verschloss´nen Haus.

Dann blüht die Königin der Nacht
verströmt den wunderbarsten Duft.
All´ unsre Sinne sind erwacht,
rings ist erfüllt die ganze Luft.

Ein Sonnenglanz umhüllt ihr Haupt,
schneeweiß ziert sie ein lichtes Kleid.
Vordem hat keiner es geglaubt,
sehr spät war ihre Majestät bereit.

Doch in der Früh´, eh´ man´s gedacht
zog sich die Königin zurück;
kehrt in sich ein und ruht nun sacht. –
Sehr groß war es, doch kurz das Glück.

Aus Nichts entstanden und geboren,
erstrahlter Überfluss für den Moment.
Oft wird aus Niederem erkoren
ein Lichterkranz, der in uns lange brennt.

Sonnenuntergang

Der Sonne letzte Strahlen brechen;
bildschön ist ihr Untergang.
Von Farbenpracht die Wolken sprechen.
Ein schöner Traum, ein Lobgesang!

So steigt der Abend still empor;
des Wassers goldnes Spiel wird matt.
Und hinterm Wolkentor hervor
sich kaltes Licht verbreitet hat.

War auch des Tages Glanz zerflossen,
erlosch die Lebenshoffnung nicht,
dass nach der Nacht wird ausgegossen
erneut der Sonne warmes Licht.

Hoffen auf Frühling

Wenn erst die Tulpen wieder blüh´n
und alle Bäume werden grün,
dann ist all Winterleid vorbei,
und alles Leben atmet frei.

Dann geh in Gottes weite Welt,
erfreu dich Herz, erfreue dich!
Denn unter diesem bunten Zelt
ein jeder Schmerz noch immer wich.

Frühlingstag

Endlich scheint die Sonne wieder,
wärmer wird es jeden Tag.
Alles reckt die müden Glieder.
Es grünt und blüht auf einem Schlag.

Hoch in den Bäumen ich schon sah
Vöglein aus der weiten Ferne.
Das Rotschwänzchen ist wieder da
und fühlt sich wohl bei dieser Wärme.

Schon hält man Ausschau nach dem Platz,
wo man ein Nest sich bauen kann
und wirbt um einen süßen Schatz
mit schönsten Melodien dann.

O, wären Schwingen mir gegeben,
dann wär´ der Himmel nicht so weit.
Ich könnt´ in blaue Lüfte schweben,
vergessen wäre alles Leid.

So freu ich mich am frischen Grün,
an bunten Blumen ohne Zahl,
lass` Schmetterling und Vögel zieh´n,
genieß` die Zeit nach meiner Wahl.

Gewissheit

Den ersten Kuckuck hab ich heut gehört
endgültig hat er Winters Macht zerstört.
Auch wenn die ersten Schwalben zieh´ und
Feld und Wiesen lang´ schon grün,
war Winters Hauch noch oft zu spüren,
die ersten Blüten mussten frieren.
Doch jetzt, nachdem der Kuckuck rief,
der Winter aus dem Lande lief.
Schnee, Eis und Kälte sind dahin.
Ein frohes Herz erweckt den Sinn
nach all´ der Schönheit dieser Welt,
die sich alljährlich uns vermählt.
Nun kann uns keine Macht mehr rauben,
dass wir jetzt an den Frühling glauben.
Er kommt geschmückt mit tausend Farben,
lässt uns vergessen Winters Narben!

Frühjahr

Schön, dass du wieder da bist
frisches Grün in meiner Welt.
Aufgebrochen ist das Schuppenkleid,
das schützend dich umgab,
schmückt alles nun mit jugendlichem Glanz.

Es tönen kleine Liebeslieder
aus tausendfachen bunten
neu erwachten Frühlingsblumen.
Es dampft die Erde wieder frei von Schnee.
Die Sonne gibt dem Bache seinen munt´ren
Lauf
mit all´ dem Leben, was er schützte unterm Eis

Da kommt er schon, der erste
lang ersehnte Schmetterling,
getragen von dem warmen Sonnenstrahl,
geht schaukelnd übers Feld
sein wachsamer Erkundungsflug.
Dem folgen bald millionenfach
vielfältiger gestaltete Gesellen.

Noch ist es kühl, und leichter Wind zieht übers
Land;
da flüstern Busch und Bäume sich freudige
Erwartung zu.
Und bald schon hört man´s singen
vom Feld, aus aller Flur, durch Busch und
Baum. –
Der Nestbau wird beginnen.
Belebt ist jeder Raum.

So zieht mit Macht das Frühjahr ein,
nicht aufzuhalten ist sein Streben.
Es ist der Weg in unsrem Sein.
Ein Glück, es zu erleben!

Hoffnung

Wenn je in einer klaren Nacht
auf das, was lebt und sich schon regt,
sich weißer Reif als Schleier legt,
dann zeigt sich nochmals Winters Macht.

Wenn auf dem sonst so stillen Fluss
sich Schaum auf seinen Wellen zeigt
und Sturm die stolzen Kronen beugt,
dann ist es Winters Abschiedsgruß.

Was jedoch trotz Sturm und Kälte
sich aus dem langen Schlaf erhebt
und farbenfroh das Land belebt,
vertreibt die Winterszeit mit Schelte.

Noch schneller, als im Jahr vermutet
hat uns die Sonne Kraft gespendet,
so all das lange Leid gewendet,
das Herz mit Hoffnung überflutet.

So lerne denn vom Jahreskreis,
der stets den Wechsel uns beschert
und immer für uns wiederkehrt,
dass Hoffnung wächst auf sein Geheiß.

Maispaziergang

Berauscht vom Fliederduft und aller
Maienblüte,
kehr´ ich zurück von meinem Gang in die
Natur.
Der Vögel munterer Gesang erfrischt noch
immer mein Gemüte.
Ich lauschte ihnen, folgte leise ihrer Spur.

Die Wiesen und der grüne Saum am
Waldesrand,
sie zeigen prachtvoll all´ ihre bunten Farben.
Ein schäumend´ Elixier ging aus von diesem
Land,
wo alle Sinne sich um höchste Gunst
bewarben.

Wohl ist es Zeit, das Grau der Städte zu
verlassen,
um das zu suchen, was das Herz begehrt:
In die Natur zu ziehen aus dem Staub der
Gassen,
die uns beim Sonnenschein all´ ihre Schönheit
lehrt.

Die Saaten grüner Felder grüßen dich.
Es ist, als ob der Himmel sich geöffnet hat,
und alles zeigt im frischen Glanze sich. -
Jetzt meine Seele, trink dich endlich wieder
satt!

Nächtliche Wege

Im Westen sinkt der Tag ins Meer, -
Orange mischt sich mit Blau und Rot.
Der Mond steigt blass herauf und leer.
Die Dunkelheit dem Lichte droht.

Des Tages Hektik weicht dem Frieden.
Ruhe senkt sich über die Natur.
Die Nachtigall hat sich entschieden
und singt engelsgleich auf weiter Flur.

Es ist die Zeit der heißen Schwüre.
Die Nacht umarmt uns warm wie wir,
sie öffnet Liebe schönste Türe
beim bleichen Licht, des Mondes Zier.

Des Tages Last und Mühen schwinden,
alle Sorgen werden weichen,
wenn sich zwei Herzen zärtlich binden
unterm klaren Sternenzeichen.

Erstes Frühlingslocken

Nach kalten Nächten, Schnee und Stürmen
hat warm die Sonne sich bemüht.
Trotzdem sich dunkle Wolken türmen,
sind Frühlingsboten heut´ erblüht.

Noch ist der Schnee nicht ganz getaut,
die Bäume steh´n noch kahl und warten,
gelb hat der Winterling geschaut,
es duftet Seidelbast im Garten.

Am grünen Band schneeweiße Glöckchen,
Christrosen sind jetzt auch erblüht.
Jasmin erstrahlt im gelben Röckchen,
sein Blau das Leberblümchen sprüht.

Crocusse schieben Häubchen vor,
und Hyazinten blinzeln schon.
Es klingt ein Lied an unser Ohr:
Ein lang ersehnter Frühlingston.

Da ist, was tot schien, neu erwacht,
und zart erblühten Aprikosen.
Der Winter wurde ausgelacht
mit einem Strauß voll weißer Rosen.

Es lebt und strebt,
sich streckt und hebt
ganz neu im Glanz
zum Sonnentanz.

Wirf deinen Gram aus Winterszeit
und allen Kummer, alles Leid
von dir, schau all das Neue,
auf dass sich`s Herz erfreue!

Im Wandel

Letzte warme Sonnenstrahlen
locken Bienen zu den Blüten,
die nur noch selten Farben malen.
Schwalben zogen längst nach Süden.

Noch einmal fliegt der bunte Falter
gaukelnd übers dürre Feld.
Jeder spürt schon Jahres Alter
und dass bald Winter Einzug hält.

Schon zieht die Nacht mit Kälte ein
und lässt was lebt jetzt alles frieren.
Vergessen warmer Sonnenschein!
Des Winters Nähe ist zu spüren.

Der nächste Tag, er wollte zeigen,
wie wechselvoll Natur ist mit Gesetzen.
Er ließ die Hoffnung wieder steigen;
die warme Sonne konnte Winter hetzen.

Dann kam der Tag, wo er gesiegt
der Frost, wie schon in jedem Jahr.
Doch wer die Zeit erahnte, liegt
geschützt vor Kälte und Gefahr.

In eigner Schönheit kommt er her,
schmückt letzte Rosen mit Kristall.
Vor dem Vergehen, letzter Fall,
blitzt Gras im Diamantenmeer.

Und kommen Wolken, schwer beladen
mit ihrer weißen Flockenpracht,
dann schützen sie, was schläft, vor Schaden,
bis sie vergeht, des Winters Macht.

So sollst du wissen und erfahren,
dass sich nach Not und Bitterkeit
auch Stunden wieder um dich scharen
mit denen schwindet alles Leid.

Letzte Blätter

So lasst doch los, ihr letzten Blätter,
die ihr zitternd noch an Bäumen hängt!
Es ist der Herbst mit seinem Wetter,
der Sturm und Regen zu uns bringt
und alles Laub ersterben lässt.
Wie tot sind Bäume und Geäst.

Was will die Stille mir wohl sagen?
Was zeigt sie dir, mein traurig Herz?
Die Menschen soll'n versteh'n, nicht klagen
und nicht vergeh'n im Weltenschmerz.
Dann steigt uns Hoffnung wieder auf
und wir versteh'n des Jahres Lauf.

Nach aller Ruhe und der Einkehr,
als alles kahl und wie erstarrt,
erwächst dann neu die Sehnsucht mir,
dass an den toten Ästen zart
der Frühling seinen Einzug hält
und sich mit Macht dem Jahr vermählt.

Herbstblätter
Sinnbild vom Werden und Vergehen

Sie fielen bunt und liegen jetzt
vom Nebel nass und nun schon braun,
vom kalten Sturm verwelkt, zerfetzt
nun dicht gedrängt am Gartenzaun.

Wie war die Freude groß im Frühling
als Knospen sprangen, Grün sich zeigte,
von allen froh begrüßt als Neubeginn
und lauer Wind die Zweige geigte.

Dann glänzten junge Blätter in ihrer schönsten
Pracht.
Es war ein Neuerwachen, das ohne Ruhe nun
pulsierte
und hat bei jeder Kreatur die Lebensgeister
neu entfacht.
Die Zeit, als die Natur sich hoffnungsvoll am
schönsten zierte.

Der Sommer ging ins Land und Früchte
konnten reifen,
und alle wurden wieder satt und konnten
Vorrat schaffen. –
Schnell ist so viel vergangen und erste
Nebelstreifen
sind in den kalten Nächten des Herbstes
scharfe Waffen.

Noch einmal flammt es auf und zeigt ein
buntes Kleid,
noch einmal brennt es in den Zweigen gelb
und rot,
noch einmal triumphiert das Leben vor dem
Leid
bis alles kahl und nackt und scheinbar alles tot.

Es ist das Werden und Vergehen,
in sich eins, gleich so wie ein fester Ring.
Stets folgt der Tod auf alles Säen,
an dessen Sein schon neues Leben hing.

Haben wir noch eine Chance?

Was ist mit unserer Erde geschehen?
Die ganze Schöpfung schreit vor Schmerzen.
Die Luft wird verpestet und viele schweigen,
die Erde verwüstet, mit Giften verseucht,
das Wasser kann selbst sich nicht reinigen
mehr.

Tiere in großer Bedrängnis warten auf
schnellen Tod.
Mit geübter Hand werden Pflanzen erzeugt
nur noch für Gas- und Benzingewinnung, -
auch wohl fürs Fortbestehen von Leben auf
Erden,
doch manipuliert mit Genen und Giften
und beregnet mit Wasser des unheilvollen
Kreislaufs.

Aus Gier nach dem Geld werden Wälder
abgeholzt;
der ständige Raubbau bestimmt alles Handeln.

Wenige die loben, viele aber klagen an,
was mit den Meeren geschehen ist:
Wasservögel verenden qualvoll in stinkendem
Öl,
Fische schwimmen mit den Bäuchen nach
oben
randvoll mit unseren Abfällen, mit Giften
und Polyäthylen.

Wir aber klagen über Umweltkatastrophen,
Erderwärmung, Unwetter und
Überschwemmungen;
Tsunami und Hurrikans verwüsten auf ihre
Weise.
Sind das die Zeichen unseres nahenden Endes?

Schwarz wird es dann und plötzlich ganz leise,
die Wellen der Meere und Stürme ruhen,
die Luft wird zur giftigen Gaswolke.
Nie zuvor wurde es um uns so heiß.
Unser aller Tod ist sodann programmiert.

Wir werden im tobenden Feuer verglühen;
platzende Lungen und Köpfe, ein Strom von
Blut.
Aus diesem Inferno führt kein Weg mehr
heraus.
Alles verschmilzt zu stinkendem üblen Dreck.
Dann werden selbst die Steine weinen;
wir haben längst trockene Augen
und werden als Asche vom Wind verweht.

Das zu verhindern braucht Mut – aber es
lohnt!
Sucht endlich nach den Wegen der Vernunft!
Noch scheinen uns Sonne, die Sterne, der
Mond.
Erkennt, es gibt sie, die Chance „Zukunft"!
Die Chance für unsere Luft und fürs Wasser,
die Chance für unser menschliches Leben –
für die Liebe, gegen Zerstörer und Hasser.
Die Macht des Gewissens müsste es geben.

Das Leid der Kinder

Mein Herz ist voller Traurigkeit,
schaurig um uns all das Leid.
Macht und Geld sind fest vereint. –
Hungrig liegt ein Kind und schreit.

Marode Staaten brauchen Geld;
Europa baut ein Rettungszelt.
Genarrtes Volk, was kann man tun? –
Kinder unter Wellblech ruh´n.

Und neu erwachen Zorn und Wut.
Es lodert Feuer aus der Glut.
Schon sprechen Waffen und Gewalt. –
Ein Kind mit seinem Leben zahlt.

Gegen Not wird Geld gespendet,
wirklich hat es nichts gewendet.
Geld und Waffen sind ein Bund. –
Das Kind mit Aids wird nicht gesund.

Es marodieren wilde Banden,
jede Hilfe wird versanden.
Mord und Totschlag sind ein Paar. –
Sinnlos Kinderschreien war.

Es ist das Lied vom Hunger und vom Sterben,
vom Land, was brennt und muss verderben.
Ein Lied von Flucht und großer Not,
von tausendfachem Kindertod.

Noch wäre uns die Kraft gegeben,
nach Hilfe und Vernunft zu streben,
gegen Hass, Gewalt zu ziehen
für Menschen, die vor Bomben fliehen.

Zu besiegen ist der Drache,
der nur Waffen kennt und Rache.
Frieden könnte so dann siegen
und Mütter fröhlich Kinder wiegen.

Der Kinderschänder

Ein hoch intelligenter und seriöser Herr
war im kriminellen Leben ein Kinderschänder.
Keiner ahnte sein finsteres Treiben, denn er
war gerüstet mit einem sehr starken Sender,
den Kinder lieben, wenn sie ihn hören.
Die Hand hielt er offen mit kleinen Gaben,
die Kinder immer so gerne haben,
nur um zu besitzen und um zu zerstören.

Dann wurde heimlich die Bombe gelegt
und an der Lunte verborgen gezündelt.
So hat sich der Unhold langsam erregt
und all seine bösen Gedanken gebündelt.
Wie mit dem Brennglas die Sonnenstrahlen
zusammentreffen und Feuer zeugen,
um zu verbrennen, zu sprengen, zu beugen,
so grub er sie ein, im Kind, seine Krallen.

Wie aber Böses nur Böses zeugen kann,
so dauert heimlich das Schlimme noch fort
und rühmt seinen Täter und hält ihn im Bann,
nichts fürchtend, nicht Schande und selbst
keinen Mord.

So brennt eine Rose, noch eh sie erblüht,
verblutet ein Herz, bevor es geliebt.
Die lockende Unschuld wurde besiegt. –
Vertrauen und Liebe für immer verglüht.

Garten der Stille

Geh ich durch die Gräberreihen,
fliegen Schmetterlinge, Vögel
als Posaunenengel und sie streuen
Zuversicht mit ihren Flügeln.

Sehe ich die schönen Blüten
farbenfroh in ihrer Pracht,
hör ich leises Himmelsflöten.
All meine Sinne sind erwacht.

Späh´ ich durchs Geäst der Bäume,
scheint mir der Himmel gar nicht fern.
Bin ich nun wach, sind es nur Träume,
erblick´ ich schon den Abendstern?

Steh ich ganz still, so scheint es mir,
dass aus den kühlen dunklen Grüften
ein Stöhnen ist zu hören hier,
das empor steigt zu den Lüften.

Weh mir, ich denke an mein Ende.
Noch einmal möchte ich beginnen,
um zu erreichen eine Wende,
den späten Lohn so zu gewinnen.

Dem Gitter zu, dem schweren Tor!
Fort aus des Todes Klammerung
und von dem leisen Klagechor!
Hin zum Leben – Sonnentrunk!

Liebe

Was wären wir ohne die Liebe?
Dochtlose Kerzen, ganz ohne Licht.
Was wäre es, was uns noch bliebe?
Nur Kälte, doch wir fühlten es nicht.

Ohne Liebe, kein Licht und kein Feuer. –
Was nützt uns da Gott und die Welt?
Ein Boot auf dem Meer ohne Steuer,
nichts gibt es, was dann uns noch hält.

Was nützte die Kunst großer Reden,
und Liebe wär` nicht mit dabei?
Sie würde den Menschen nichts geben,
noch machte sie Herzen uns frei.

Was nützte den Menschen die Klugheit,
um Großes leisten zu können?
Ohne Liebe bringt alles nur Leid;
in Not und Unglück würden wir rennen.

Was nützt aller Reichtum dieser Welt?
Die Liebe ist nicht zu erwerben.
Sie ist`s, die alles zusammenhält;
sie macht uns zu himmlischen Erben.

Was nützten uns Kraft und die Stärke,
mit denen wir festhalten können
an unserem irdischen Werke? -
Sie können uns Liebe nicht löhnen.

Nur Augen, die in der Finsternis sehen,
nur Ohren, die in der Stille hören,
nur Herzen, die andere Menschen verstehen,
können die Liebe in uns beschwören.

Selbst Glaube und inniges Beten,
sie nützen den Menschen nicht,
wenn Werke der Liebe nicht brennen,
wie ein weit sichtbares Licht.

Einst wirst du gefragt vor dem Richter:
„Was hast du auf Erden Gutes getan?
Wer war dir im Leben dein Nächster?
War Liebe dein Leben, war`s leerer Wahn?"

Lebe mit Jesus und hör auf Sein Wort!
Mit Ihm kannst du alles hier wagen.
Trag zu den Menschen die Liebe nur fort!
Verstummen wird Weinen und Klagen.

Verschenke die Liebe auf Erden!
Sie verzehrt sich nicht, sie wird groß.
Sie ist wie ein endloses Werden.
Sie ist unser himmlisches Los.

Alter Baum

Du alter stolzer Baum am Wegesrand
streckst deine Zweige weit zum Sonnenlicht
und überragst rings alles auf dem Land,
bist zu umspannen von vier Menschen nicht.

Sag uns, was hat dein Holz für Zeiten
überdauert,
als Brand und Krieg, als Not und Tod gewütet
haben,
bei denen der Chronist auch heute noch
erschauert?
Auch Jahre gab es sicher, die dir viel Gutes
gaben.

Du standst und stehst noch immer heute,
erschüttert nicht von Schicksals Hin und
Wider.
Du wurdest nicht der Säge leichte Beute,
auch riss kein Blitz dir deine Krone nieder.

Der Wanderer zollt hohe Achtung dir.
Sieht er den starken Stamm voll Furchen oder
glatten,
singt er ein Lied auf deine große Zier. –
Schutz und Ruhe findet er in deinem Schatten.

Bleib froh gesinnt!

So wie es geht, bleib froh gesinnt!
Nur der verliert nicht Trost und Glauben,
der mit Freunden Glück gewinnt.
Kein Trübsal mög´ das rauben!

Wenn im Herbst der Kranich zieht
und die bunten Blätter fallen,
dann singt der frohe Mensch ein Lied,
was die Herzen lässt erstrahlen.

Denn er weiß, nach Winters Zeit
kommen bald schon warme Tage.
Dann schwinden Trauer, alles Leid.
Bleib standhaft immer, nie verzage!

So überwinden Mensch und Tier
alle Ängste, alle Plagen.
Ob Lamm, ob Löwe oder Stier. –
Das Leben gibt, – du musst es wagen.

Das Glück der späten Jahre

Kommt man in bewusste Jahre,
über die man gerne schweigt,
und wenn bleich und dünn die Haare,
sich ein neuer Fokus zeigt

Dann denkt man nicht mehr nur an Reichtum,
auch Macht ist längst schon einerlei.
Vergangen ist der Wunsch nach Ruhm.
Das alles ist gottlob vorbei.

Die wahren Werte unseres Lebens
treten sichtbar dann hervor.
Dinge, die so lang vergebens
im Innersten das Herz erkor:

Sich auf die Liebe zu besinnen
und Hilfe schenken jederzeit,
um so den Nächsten zu gewinnen,
ihn zu befrei´n von seinem Leid.

Wenn du dabei Freude spürst, Menschen
Zuversicht zu spenden,
sie zum Licht und Frohsinn führst,
wird sich dein Schicksal glücklich wenden.

Du wirst des Lebens Sinn erkennen
und keinem Trugbild mehr vertrauen,
was eitle Dinge lässt erkennen,
wirst Gutes in der Welt erbauen.

Bleib´ diesen Zielen immer treu,
auch wenn dir Spott im Leben droht!
So trennst du blankes Korn von Spreu
und bleibst ein Mensch bis in den Tod.

Vergänglichkeit

Wie vergänglich ist das Leben!
Gleich Wasser und dem Sand
läuft es durch unsre Hand.
Stets muss es hin zum Ende streben.

Dünn ist das Eis, auf dem wir gehen.
Es knackt und gurgelt in der Tiefe,
als ob das Leben von uns liefe.
Noch kannst du hoffen, bleib` nicht stehen!

Ein Traum, die Pracht der Blüten,
wenn sie verzaubern jeden Baum
und nur dem Leben sich vertrau`n.
Wer möcht` es nicht behüten?

Doch kam ein ungestümer Wind
und wählte sie zum Tanze. –
Wie schnell war doch das Ganze
nur eitler Hoffnung schönes Kind.

Schnell geht unsre Zeit vorüber,
Dunkelheit greift nach den Tagen.
Sie kommt, Leben zu verjagen.
Nebel fällt, das Licht wird trüber.

Alles geht dem Ende zu.
Das ganze Sein der schönen Welt
erschauert, da ihr Glanz nichts zählt.
Es kommt und bringt auch uns zur Ruh.

Zeitenwandel

Das grüne Laub verfärbt sich bunt; -
der Herbst kommt übers Feld.
Er öffnet uns den wahren Grund
vom Jahreskreis in unsrer Welt.

Jedoch, es blühen Herbstzeitlosen
und Früchte schmücken Baum und Strauch.
Der kalte Reif ziert letzte Rosen. –
Uns Menschen schlägt die Stunde auch.

Erneut heißt es nun Abschied nehmen
von vielem, was vertraut uns war.
Es ist, wie oft in unserm Leben:
Ein steter Wandel Jahr für Jahr.

Erinnerung im Herzen schwingt
wie Herbstlaub bunt geprägt.
Ein Lächeln, das von ferne winkt,
erneut die Sinne mir erregt.

Lebt wohl ihr alten Zeiten!
Die Zukunft mög´ es geben,
den Blick mir stets zu weiten.
So kann ich dankbar leben.

Wolken

Hast du schon einmal zu den Wolken
geschaut,
wenn die stampfenden Rösser die Wagen
ziehen
über die riesigen Berge, die dort aufgestaut
und wo die Kleinen mit dem Wind vor den
Großen fliehen?

Hast du schon einmal die Schäfchen gezählt,
die über die stahlblaue Wiese laufen?
Nicht Hund noch Schäfer braucht's, der sie
zusammenhält,
da sie so friedlich sind und sich nicht raufen.

Sind deine Gedanken schon einmal dahin
geflogen
mit den leichten Federchen am Firmament,
wenn sie schwebend durch den Azur gezogen
und deinen Blick zur Unendlichkeit haben
getrennt?

Oder hast du immer nur dann geschaut,
wenn sich Gefahren zusammenballten
und der Himmel drohte schwarz und laut
seine Schleusen zu öffnen ohne einzuhalten?

Unsere Blicke und all´ die Gedanken
Sie laufen geschwind oft weit in die Ferne.
Es fehlen uns dann die nützlichen Schranken,
sich nicht zu verlieren an funkelnde Sterne.

Darum sind Wolken an den Himmel gesetzt,
dass unsre Gedanken sich nicht verlieren.
Wenn Wolken den Himmel verschließen, auch
wenn es blitzt,
sollten wir Wunder schauen, die unsre Erde
zieren.

Frühlingshoffen

Ach, könnt´ der Frühling doch erscheinen
Und Blumen ständen bunt im Reigen!
Hoffnung würde in uns keimen,
wenn sich die Knospen endlich zeigen.

Schon singen Vögel in den Zweigen.
Der Schnee und hartes Eis vergehen,
wenn für sie Sonnenstrahlen geigen
und warme Winde sie verwehen.

Das wäre wohl ein schönes Fest!
Doch hab´ Geduld, es wird gelingen!
Vergehen wird des Winters Rest,
und Freude wird der Frühling bringen.

Frühlingshochzeit

Erblüht ist wieder die Natur,
und alles steht im Hochzeitskleid.
Die Vögel singen all` in Dur.
Jetzt werden uns`re Herzen weit.

Der Blätter schönstes junges Grün
wird uns und alle Welt erfreu´n.
Wald, Wiesen, Felder sich jetzt müh´n,
um frischen Frühlingsduft zu streu´n.

Die Welt, sie scheint uns wie verzaubert:
Ein Duften, Läuten, Tirilieren.
Die Winterzeit ist überdauert,
der Frühling will zur Hochzeit führen.

Wie meiner Liebsten schönste Zier
hältst du mein Sinn gefangen.
All` deine Freuden schenkst du mir.
Rings um uns Blüten prangen.

Heimlich

Heimlich trafen wir uns an dem Fluss.
Licht war uns des Mondes Schein. –
Flüchtig gab ich dir den ersten Kuss
und hörte nicht dein zögerliches „nein".

Drauf ging man gerne auf versteckten Wegen
durchs Unterholz entlang der alten Bäume,
hoffend, dass sich die Nachtigall mög´ regen,
um zu versinken in die schönsten Träume.

Wir standen staunend übers Spiel des
Wasserlichtes,
hörten die schönsten Melodien dieser Nacht,
und aus dem Innersten des Herzens brach es
hervor, was nur allein die Liebe macht.

So spielten Seele und Natur
in dieser Nacht den schönsten Reigen. –
Sie brachten uns vom Ich zum Wir
und ließen himmelwärts die Herzen steigen.

Leise flüsterte es immer wieder:
„Umfasse mich und still' mein Sehnen!" –
Bis ermüdet waren Herz und Lider. –
Es war ein schweres Abschiednehmen.

Herbstes Blatt

Wenn im Herbst ein buntes Blatt
am Boden liegt und trocken wird,
des Lebens harte Mühen satt,
es kunstvoll Sommers Abschied ziert.

Zum Baum: „Fahr` hin du schöne Zeit,
wo ich im Grün dir Nahrung war!
Nun bin ich abgetrennt von dir bereit
zum Tod nach einem kurzen Jahr.

Viel Mühe gab es mit den Früchten,
die wachsen sollten auch bei Trockenheit.
Nicht weit war es, mit Gott zu richten
und allen Kampf zu enden mit dem Leid.

Doch es kam anders: Alle wurden groß und
schön
an meinem Baum die Früchte und sie zierten gar.
Noch ehe sie zerbrachen durch einen Sturz aus
ihren Höh´n,
pflückt man sie ab, da es die Erntezeit für sie jetzt
war.

So schließt sich denn mein Jahreskreis,
von dem beim Knospensprung ich nichts erahnte.
Nun zahl ich gerne diesen Preis,
  weil es der Schöpfer weise so auch plante."

Lebensabend

Wär unser Leben ohne Ende,
kein Abend brächte Müdigkeit.
Es wär ein Dasein ohne Wende
und endlos wär des Menschen Leid.

Doch ist es so, dass mit dem Leben
auch fest ein Ende für uns steht.
Geist und Hoffnung, sie entschweben
dorthin, wo Ewigkeit einlädt.

Dann spüren wir Vergänglichkeit,
doch auch den Trost im Ende:
Wenn uns umfängt die Müdigkeit,
ein liebend Wesen reicht die Hände.

Meine Stadt Werder (Havel)

Wo Wald und Wasser sich umarmen
und Blütendüfte uns berauschen,
wo Fische in der Havel schwärmen,
kann man den Nachtigallen lauschen.

Es schlägt mein Herz für diese Stadt,
und bleiben möch´t ich alle Tage,
an ihrer Schönheit sehn mich satt.
Doch bleibt für uns stets diese Frage:

Wie kann es sein in aller Welt,
dass hier die Schönheit überwiegt,
die nicht zu kaufen ist für Geld? –
Hier haben Mut und Fleiß gesiegt.

Altes Handwerk – Fischerei
trotzt Wind und Wetter frank und frei.
Wein- und Obstbau – harte Arbeit,
sind die Domänen langer Zeit.

Der Jugend Stolz auf dieses Land
ist neben Arbeit auch ihr Sport.
Der bunten Vielfalt breites Band,
ein hoher Wert für diesen Ort.

Der Menschen Zustrom ist ein Zeichen,
das mit Kirchen, Schulen und Vereinen
schnell alle Lebensängste weichen.
Zuversicht steht hier auf starken Beinen.

Das alles sind die dauerhaften Steine
in dem festen Fundament der schönen Stadt.
Sie sind das Glück, das grün-weiß-rote Feine,
was lange diesen Havelort gezeichnet hat.

Das große Ziel: Die Stadt erblüht!,
kann täglich jeden überzeugen.
Unmöglich, dass man's übersieht.
Vor dieser Kraft wir uns verneigen.

Blühe weiter in die Zukunft,
wo die Menschen glücklich sind,
wo mit viel Liebe und Vernunft,
täglich Werder neu gewinnt!

Professor Karl Hagemeister
Ehrenbürger von Werder (Havel)
(12.03.1848 – 05.08.1933)

Ruhig fließt die Havel um die kleine Insel,
wo einst der Maler Hagemeister lebte.
Mit Leidenschaft führte die Künstlerhand den
Pinsel.
Er war es, der mit Geist und viel Begabung
danach strebte,
die ganze Schönheit seiner so geliebten
Heimat
für immer auf der Leinwand zu gestalten.
Sein Werk mit diesen Farben sind die Saat,
die in uns blüht und die wir schützen und
erhalten.

Von Jugend an geprägt durch Wasser, Wind
und Wald,
geprüft mit harter Arbeit, seinen eignen Weg
zu finden,
ward die Natur mit ihrer bunten Pracht und
Vielfalt
ihm Geist, der seinen Genius im Herzen
konnt´ entzünden.

Der Jahreszeiten wechselhafter Lauf hat ihn
erfüllt:
Ob sanft das Gras gleich einem Schleier sacht
im Winde weht,
ob seinem Werk die ungestüme Kraft der
Ostseewelle gilt,
ob er am kühlen Morgen vor einem zarten
Mohnfeld steht,
als mit dem gold´nen Sonnenaufgang erste
Vögel sangen, -
stets warn des Künstlers Sinne, sein Blick und
seine Hand davon gefangen.

Als dann die Wasserrosen blüh´n im Teich,
und Libellen flink darüber fliegen,
entstehen zauberhafte Bilder – farbenreich,
bei denen Anspruch und genialer Geist
obsiegen.

Licht und Schatten, durch des Ufers Bäume
ziehen,
mit satten Farben klar, für jeden zu empfinden;
altes Geäst der knorrig starken Bäume mit
zerfurchten Rinden.
Gestein und abgesprengte Felsen – hingeworf´ne
Riesen.

All das, was uns Natur die Sinne sehend
macht,
in allen Werken seiner Hand zusammenfließen
und uns, was er erkannte heute neu
entgegenlacht.

In der schmalen Straße, die zu Werders Kirche
führt,
steht eingereiht ein kleines und bescheid´nes
Haus.
Es hat dem Großvater und dann dem Vater
schon gehört.
Wie oft wohl ging der Meister mit seiner
Staffelei hier ein und aus?

Bescheiden, wie sein Leben, verließ der
Ehrenbürger seiner Stadt die Welt.
Des großen Malers letzter Wunsch: „Mehr
Licht – mehr Licht!"
Mög sich erfüllen übern großen Himmelszelt,
dass er schauen könnte mit des Künstlers Sicht
das Ganze unsrer wunderschönen weiten Welt.

Carl Friedrich Zelter
(1758 – 1832)
zur Einweihung des Zelterdenkmals in Werder (Havel),
OT Petzow am 13.04.2012

Zelter, den wir hochverehren,
den selbst Goethes Geist bedachte,
der Musik die Menschen lehrte,
der Nachwelt viele Lieder brachte.

Als Maurer fing Zelters Arbeitsleben an,
als Autodidakt der Musik verlief sein
Lebenslauf.
Dann hochverehrt – ein Musikprofessor dieser
Mann.
Doch mit 74 Jahren hörte sein Herz zu
schlagen auf.

Vor Jahren stand in Petzow hier ein
unscheinbares Haus.
Das Jugendzeugnis Zelters verkam und wurde
später abgerissen.
Entehrt als Düngerscheune hielt es noch
standhaft aus,
doch erreichte das nicht der Genossen
ärmliches Gewissen.

Das Denkmal, das wir heute weihen, ist ein
hoffnungsvoller Sieg.
Es ehrt zwar spät, doch voll von unsrer
Sympathie,
das Schaffen Zelters in der großen Kunst
Musik,
die er als Schöpfer vieler Werke ihr verlieh.

Wir wollen für den Meister singen,
hier, wo man ihn erbaute, diesen „Zelterstein."
Für ihn soll unser Lied erklingen.
Dank gilt dem Petzower Heimatverein.

Der Zeiten Wandel

Wie das Gras verweht im Wind,
verfliegt die Zeit und wir mit ihr.
Spät merkten wir, wie sie verging;
schon klopft das Alter an die Tür.

Wie die Kerze sich verzehrt und schwindet,
wie Blumen welken auf dem Feld,
vergehen Jahre, doch was bindet,
ist die Erinnerung, die zählt.

Jugend hat Begierden, ist ungestüm im
Streben;
wird ihr Flügelschlag nicht lahm, fliegt sie zur
Sonne.
Himmelwärts ihr Wunsch, wenn sie über
Wolken schweben.
Sie überwinden, blühen auf in Lebenslust und
Wonne.

Doch bald schon in den Folgejahren
fordern Sorgen Rat mit Weitsicht.
Es gilt zu teilen und zu sparen;
die Träume wandeln sich zur Pflicht.

Oft wird dann Geld zur Religion.
Neid und Missgunst stör´n die Liebe,
und Sucht nach immer mehr spricht Hohn
dem Wunsch, dass es wie einst doch bliebe.

Dann fahren Helfer oftmals auf,
um den „besten" Weg zu weisen.
Doch zeigt es sich meist im Verlauf,
dass diese um sich selbst nur kreisen.

Rettung kommt nur durch Besinnung
auf den wahren Lebenswert.
Nicht Hochmut bringt die Besserung,
Zufriedenheit uns Gutes lehrt.

Fleiß und Frohsinn sind ein Paar,
dem Zufriedenheit zur Seite steht.
Geduld und Treue machen wahr,
dass jeder Weg in Liebe geht.

Nachbarschaft

Des Schicksals bunter Zauberstab
fügt Nachbarschaft zusammen.
Gleich ob´s schlecht, ob es sich gut ergab,
egal, woher die Menschen kamen.

Schon viele litten dabei Not,
doch Gott sei Dank, es gibt auch Glück
mit freundschaftlichen Angebot,
Vertrauen, Hilfe mit im Blick.

Das gibt viel Hoffnung und auch Trost
auf gemeinschaftliche Stunden.
Sie heilen Kummer, manchen Frust
und all die kleinen Alltagswunden.

Kinderglück

Große dunkle Augen blicken fragend in die
Welt.
Sie spiegeln keine Argwohn oder Täuschung.
Vertrauen suchen sie, nicht Schönheit, Gut und
Geld,
verweilen da, wo Liebe spricht aus
Herzensgrund.

Kleine Hände strecken sich und kommen dir
entgegen
mit den mühsam schon erlernten ersten
Schritten.
Ein kleiner Engel begleitet dich auf deinen
Wegen.
„Nimm mich in Liebe an!", so ist sein Bitten.

Wer kann der kleinen neuen Hoffnung
widerstehen?
Wer könnte wenden sich von diesem lieben
Kind?
Wer ließe es nicht immer wieder gern
geschehen,
wenn zärtlich um den Hals die kleinen Arme
sind?

Dann spürst du größtes Glück auf dieser Erde
und möchtest es nie wieder von dir lassen.
Ach Schicksal, dass es doch noch oft so werde,
und ich die rückhaltlose Liebe könnte fassen!

Was die Liebe vermag

Immer geliebt – auch manchmal im Streit.
Was es auch gibt in kommender Zeit,
wir werden es tragen – mal leichter, mal
schwer.
Ohne zu klagen geht´s besser daher.

Gemeinsam bezwingen wir Strudel und
Klippen.
So wird es gelingen: Ein Lied auf den Lippen.
Mutig ausschreiten – das Liebste im Blick;
so geht´s durch die Zeiten mit Trübsal und
Glück.

Nichts ist uns so teuer, wie Segen von dem,
der hält unser Steuer – er will uns versteh´n.
Er hat uns beschenkt, wird künftig auch geben,
uns führen auf unseren Wegen durchs Leben.

Die Jahre vergehen viel zu geschwind;
was immer wir schaffen, verweht einst im
Wind.
Nur eins geht nicht unter – hat ewigen Wert;
verschenk es, o Wunder, es hat sich vermehrt.

„Beständige Liebe" heißt dieses Glück.
Bedenke, sie kehrt immer vielfältig zurück!
So lasst uns für alle noch kommende Zeiten
den Partner zur Seite, nur Gutes erstreiten!

Zuversicht
(Allegorie auf das zunehmende Alter)

Die letzte Rose ist vergangen.
Der Herbst nimmt mahnend seinen Lauf.
Und schon beginnt ein ängstlich Bangen:
„Nun folgt bald Eis und Kälte drauf."

Doch wie es oft im Leben geht,
so kam der Frost noch lange nicht.
Ein laues Lüftchen nochmals weht,
treibt buntes Laub durchs Sonnenlicht.

Nur nicht verzagen, liebes Herz!
So wie es kommt, musst du es nehmen!
Hält dich gefangen auch mal Schmerz,
kannst ihn mit deinem Glück durchweben.

Denn schöne Stunden gab es viel,
die dich im Leben froh gesinnt.
Das wahre Glück, der Menschen Ziel,
ist aller Fröhlichkeiten Kind.

Schau also nicht auf Winters Tücken!
Sieh alle Schönheit dieser Welt!
Das Schicksal kann uns noch so drücken, -
ein frohes Herz ist's, was uns hält.

Schnell geht die Zeit dahin
(Zur Goldenen Hochzeit)

Vergoldet habt ihr eure Zeit;
es ist ein halbes Menschenleben.
Und weiterhin seid ihr bereit,
in Treue euren Weg zu gehen.
        Einst gefragt –
        ja gesagt.
        Es weiter nun wagen,
        sich stützen und tragen.

Wie habt ihr euch einst aufgemacht
und als Partner auserkoren?
Voll Zuversicht habt ihr gelacht
und treuen Lebensbund geschworen.
        Nicht immer gesungen;
        ins Herz eingedrungen.
        Trotz allem gelungen,
        noch immer umschlungen.

Die schönsten Jahre war´n es dann,
wurden Kinder euch geschenkt.
Voll Tatendrang blieb da der Mann,
das Herz der Mutter liebt und lenkt.
  All diese Kinder,
   sind starke Verbinder,
   und große Erfinder
   als Familiengründer.

Doch unsre Zeit, sie läuft schnelle,
schon fliegen die Jungen davon.
Bald flügge auf eigner Welle
die Tochter und auch schon der Sohn.
   Bereit für das Leben
   werden sie streben
   alles zu geben,
   um Schätze zu heben.

Die Jahre verrinnen wie Sand,
wie Sand in der gläsernen Uhr.
Schon wartet unbekanntes Land;
im Leben es keiner erfuhr.
    Es sitzen die Alten,
    beschwerlich mit Falten,
    bestrebt zu erhalten,
    die alten Gestalten.

Zufrieden wollen wir bleiben,
Sonne genießen, wenn sie scheint,
um Traurigkeit zu vertreiben.
Sie ist des Glückes größter Feind.
    Das Lebenselixier
    ist Lust auf immer mehr,
    auf alles Schöne hier.
    So geht's vom Ich zum Wir.

Schwermut im Herbst

Graue Nebeltücher hängen
am Firmament, der helle Tag,
die Sonne, sollte sprengen
den Vorhang, doch ihr Unvermag
verliert den Kampf an Wolken.

Die Schwermut zieht in´s Herz mir ein,
da ich mich nicht erwärmen kann
an deiner Kraft du Sonnenschein.
Gib mir ein Zeichen, sag mir wann
du neue Hoffnung schenken wirst!

Als schon ganz blind vor Traurigkeit
mein armes Herz schien mir verblendet,
da hat der Wind all dieses Leid
mit seiner Macht beendet,
schuf einen blauen Himmelsfleck.

Und schon keimt Hoffnung in uns auf,
da sichtbar hinter allem Grau,
beschwerend unsern Lebenslauf,
der Himmel liegt mit seinem Blau,
was Zuversicht uns schenken will.

Das Elbsandstein-Gebirge

Es windet sich ein breites schillernd Band hier
durch ein schönes Tal
belebt mit Schiffen groß und klein, die
mühsam mit der Strömung ringen und leicht
sich abwärts treiben lassen.
An den Seiten, nutzend die gerade, ebne
Strecke, sich Eisenbahn und Straßen mit
bunten Fahrzeugkarawanen. –

Es ist der kleine und bescheidene Rest des
urgewalt´gen Meeres vor schon Millionen
Jahren, das durch der Strömung Kraft und
Hebung unsrer dünnen Kruste Erde
nach seinem Rückzug Sand sich setzen ließ,
viel Hundert Meter hoch. –
Die Ebenheiten und die Felsen heute Zeugen
sind.

Sie sind das Wenige, was noch erhalten blieb
aus jener Zeit,
als sich mit unvorstellbar starker Kraft in
abermals Millionen Jahren
der Urstrom fraß in jenes Sandgestein.
Was er bestehen ließ, Wahrzeichen sind es,
längst vergangener Epochen:
Die Felsen, Steine, Berge, wildzerklüfteten,
die von den Menschen treffend als der Sachsen
Schweiz bezeichnet wird.

Des Sandsteins wohl geringe Festigkeit, sie
förderte – und sie tut's noch heute –
die Bildung all der Spalten und der vielen
Risse, die, nach der Verwitterung verlaufend,
dem Stein sein typisches Gepräge gab.
Da findest du, dem mächtigen Massiv mit
schroffen, glatten abgesprengten Wänden,
die Felsen vorgelagert, säulenhaft wie
aufgeschichtet aus vielen Einzelelementen
sich, wie statisch gut berechnet, nach oben hin
verjüngend.

Doch schon erblickt dein Auge neu bizarre
Steingebilde die,
wie von eines Künstlers Hand waghalsig
angelegt und aufgesetzt,
als müssten sie schon tausend Jahre abgestürzt,
zerschellt am Fuße ihrer Brüder liegen.

Noch längst nicht hat das wechselhafte Bild
sich damit schon erschöpft.
Schon schreitest du durch ein Portal
ehrwürdiger, sehr hoher Kathedrale
und blickst, zur Seite dich dann wendend,
durch gotisch ausgeschliff´ne Fensterbögen. -
Ein schmaler Spalt führt dich nun über dürftig
in den weichen Felsen eingehau´ne Stufen
aufwärts.
Eingepfercht in feuchte Felsenwände, erblickst
du jetzt durch einen schmalen Riss
den vormals freien Himmel auf der schönen
Aussicht.

Endlich öffnet sich am Ende deines Weges
die steinerne Beklommenheit.
Frei, hoch oben stehst du auf des Plateaus
Aussichtspunkt.
Nun kann das Auge schweifen rings ins Land,
kann sich erfreuen und an der Schönheit sich
berauschen:
Schönes Land, rings Wald und Bergeshöhen,
von kleinen Dörfern und den Wiesen lebendig
unterbrochen!
Nachdem der letzte Blick dein Herz hat höher
schlagen lassen, bist du im Abstieg schon
begriffen. –
Urplötzlich stehst du eingefangen in einem
großen, weiten Hof,
und um dich hoch erheben sich schroffwandig
Felsbarrieren.
Du fühlst, wie klein du bist in dieser
urgewaltigen Natur.
Da, durch breite Spalten ausgelöst und durch
Verwitterung gezeichnet,
erkennst du einen Riesenfisch, auf Beute
lauernd, tief im Reich des Meeres.

Gelöst von diesem Bild, glotzt dich aus einer
kleinen Höhle
ein Totenkopf, ganz wild, mit tiefen
Augenlöchern an.
Ein kleines Rinnsal plätschert leise
geheimnisvolle Zauberworte dir ins Ohr.

Du wendest dich und suchst den Wald, den
Freund des Wanderers.
Durch schöne Buchenwälder kannst du gehen,
vorbei an majestätisch hohen Fichten, Eichen,
Kiefern und auch Lärchen,
auf Wegen wundersam geführt vorbei und
über Bergeshöhen,
dort schauend, wie der Fels den Menschen
überstarken Willen, Mut und Kraft verleihen
kann,
wo in der Seilschaft jeder Gipfel immer neu
bezwungen wird, -
dann wieder nur genießend den Anblick dieser
herrlichen Natur,

wenn sie vergoldet liegt im Glanz der
Abendsonne,
oder ruhig schläft im Winter, bedeckt von
dichtem Schnee.

O Mensch erhalte das, was uns zur Freude und
zum Nutzen vor langer Zeit geschaffen wurde!
Mach dich zum Kämpfer für dein Elbgebirge!

Der Tag der schwarzen Sonne
(totale Sonnenfinsternis am 11.08.1999)

Als die große Stille kam,
die Sonne schwarz am Himmel stand,
da brach so mancher stolzer Wahn,
dass alles machbar und bekannt.

Täglich bringt sie Licht und Wärme,
Grund für alles Leben hier
auf dem fast kleinsten aller Sterne,
der blau erstrahlt wie ein Saphir.

Und die Balance in dem System!
Die Kraft der Gravitation
lässt Bahnen zieh´n und auch fest steh´n
in dem weiten Himmelsdom.

Doch plötzlich, wohl erwartet,
verdunkelt sich der helle Himmel.
Der Mond zieht vor und startet,
das große Sonnenlicht zu dimmen.

Es rast ein Hundert-Kilometer-Schatten,
um vieles schneller als der Schall,
verbreitet schwarze, schwere Matten,
aus denen Furcht und Hoffnung quoll.

Doch das Zeichen ihrer übergroßen Würde
lässt sich auch jetzt die Sonne niemals
nehmen:
Feurig trägt sie die Korona – ihre Zierde.
Ein Bild der Ungewissheit lässt erbeben.

Machtlos bist du Mensch dabei.
Erstarrst im Augenblick der Finsternis
und machst dir Mut mit einem Schrei, -
doch deine Seele bebt, da vieles ungewiss.

Ist Gott nicht der, der alles lenkt,
der Sonne, Mond und Sterne schuf
und uns auf Erden Leben schenkt?
Vernimm doch endlich seinen Ruf!

Der Engelstrompetenbaum

Da steht er, mein Trompetenbaum.
Mit mächt´gem Wuchs gebührt ihm Raum
in meinem Hof, dem stillen Ort,
wo er mir Freude spendet dort.

Nicht nur wegen seiner Blütenfülle,
sondern am Abend in der Kühle
verströmt berauschend in die Lüfte
betörend stark er seine Düfte.
Ja, man kann darin ein Wunder sehen.
Fast tot, muss er den Winter überstehen,
ganz ohne Schmuck zurückgeschnitten,
in Dunkelheit die Dürre g´rad durchlitten.

Doch mit den ersten Wassergüssen
und wohlig warmen Sonnenküssen,
erwacht mein so geliebter Baum
aus langem Winterschlaf und Traum.

Schon sprießen aus den kleinsten Ritzen
die ersten grünen Blätterspitzen.
Es dauert nur noch kurze Zeit,
schon machen sich die Blätter breit.

Und aus ihrem Herzen schossen
lange, starke neue Sprosse.
Am Ende ihrer Wachstumsziele
zeigen Knospen sich gar viele.

Diese wachsen und sie schwellen,
teilen unendlich mal die Zellen.
Und gibt man Wasser nach Bedarf,
dann platzt er auf, der grüne Larv.

Noch wächst die Blüte blass heraus
aus ihrem viel zu engen Haus.
Gefaltet ist sie viele Male;
doch eines Tages zeigt die Fahle
ganz plötzlich ihren Farbenrand,
und bald darauf ist sie entbrannt,
die hundertfache Blütenfülle.

Groß und zart mit langer Tülle
weit aufgetan in kühler Stille,
mit kunstvoll feierlicher Schönheit,
verschenkt sie sich zur Abendzeit.

Dann kann ich unter ihren Zweigen
den Duft genießend, sitzend schweigen.
Es ist so köstlich zu erleben,
dass Tages Arbeit, Mühsal, Streben
stets entschwanden, aufgehoben
durch der Trompeten Sinneswogen,
die mich umschweben und berühren
und in die laue Nacht entführen.

Frühlingshoffnung

Dürr und welk war alles worden,
tote Blumen, kahle Bäume.
Und mitten in die Frühlingsträume
kam nochmals Winter, um zu morden.

Statt all der schönen Farben nur,
wurd´s wieder weiß in Feld und Flur.
Die neue kalte Blütenpracht
zieht ein aus Eiskristall gemacht.

Doch Winter, bald dein Reich vergeht!
Wenn uns die Sonne wieder lacht,
dann ist´s der Winter, da fleht:
„Bleib Frühling fern mit deiner Macht!"

Doch er zieht ein als junger Prinz,
geschmückt mit tausend Farben.
Ein schöner Chor begrüßt den Lenz.
Vergessen Winters Narben.

Dann endlich breitet sich das Land
dem Auge aus zur Wonne,
wie jedes Jahr als buntes Band
zum Dank an Erd´ und Sonne.

Wasser – unser Leben

Hurtig plätschernd fließt der Bach –
Lebensader für die Flur.
Pulsierend hält er alles wach; -
Blut vom Herzen der Natur.

Nahrung für den Baum und Strauch,
Erquickung für uns Menschen auch.
Wiege unter allen Wellen
für das Wunder der Libellen.

Fischlein, Käfer in ihm tanzen,
und die Frösche, wie sie quaken.
Es sprießen tausend Wasserpflanzen,
und Vögel baden, trinken, jagen.

Selbst unterm Eis in harter Zeit
scheut er nicht Müh` und Kraft
und ist auch dann noch stets bereit,
zu dienen trotz der strengen Haft.

So lebt der Bach als kleine Welt
auf wunderbare Weise
und gibt von seiner Kraft dem Feld, –
fließt hin zum Fluss nach langer Reise.

Der nimmt ihn auf als seinen Bruder,
stärkt sich und wächst zum Strome an,
auf dass auf ihm mit Last und Ruder
das Schiff zum Hafen fahren kann.

Und weiter fließt das Wasser fort
zu seinem Ziel dem Meer,
mit schwerer Last aus manchem Ort,
hat keine Gegenwehr.

Vielfach geschändet kommt es an.
Das große Meer nimmt alles auf
und wäscht es unermüdlich dann
für seinen neuen alten Lauf.

Der Sonne Kraft verleiht ihm Flügel;
auf schwebt es hin zu seinen Brüdern
in den Wolken eingesiegelt, -
vom Wind getragen, Himmel zierend.

Neu wird es tränken unsre Erde
mit dem teuersten dem Gut,
dass so weiter Leben werde
gemeinsam mit der Sonne Glut.

Sinnfrage

Im Glücksgefühl der wirtschaftlichen
Macht,
schon fast entrückt im Trance des
Wohlstandes
wird all zu schnell verdrängt und oft
auf Dauer
die Frage nach der Sinnbestimmung
unsres Lebens,
nach dem, was unser Auftrag ist in
dieser Welt.

Verdrängt von immer steigenden
Erfolgen,
steht diese Frage eines Tages umso
heftiger. –
Wer hätte nie versucht, die Luft zu
halten
im Wettkampf mit den Freunden so
lang´ es irgend geht,
um plötzlich eilig dann, in höchster Not,
die Brust erlösend mit neuer Lebenskraft
zu füllen.

Schon lange hat man sich nicht mehr
geschert
um all die Not der Menschen dieser
Welt,
um rücksichtslosen Raubbau nicht
gekehrt,
wenn es nur um die Macht, Gewinn
und Wohlstand ging,
um den Exzess brutaler Geistestötung,
um Gift und Rauch, um Krieg und Tod.

Es lebt sich wie in einer selbst
verordneten Narkose,
aus der es plötzlich ein Erwachen gibt.
Und ringen wird der Mensch dann um
die Luft,
da sie verdarb im Rausch der Macht,
im Schein des Glücks.
Das Wasser, was er schöpft, wird trüb
und giftig sein,
da es verurteilt war, den Schmutz und
alle Gifte aufzunehmen.

Dann wird die Frage nach dem Sinn des
Lebens neu gestellt.
Sie wird in Zeitnot und mit Angst und
Argwohn vorgetragen.
War es zu spät, dann hat die Frage selbst sich
überlebt,
und Schall und Rauch war all der Wohlstand
und das Glück.

Sinn ist nicht der Augenblick im Leben.
Sinn, das ist der Weg auf dem wir gehen.
Sinn ist der Prozess, in dem wir aufgerufen
sind,
die ganze Schöpfung für alle zu erhalten
und abzuwehren haben jedes Unrecht,
was Menschen Leid und unsrer Erde neue
Wunden bringt.

Trügerisch sind die Propheten unsrer
Zeit,
die alles schon für sinnlos halten.
Sie haben ihren Sinn und ihren Weg
bereits verloren.
Wahr ist, dass Sinn bedroht und oft
verletzt schon wurde.
Es gilt besonders heute, unbeschadet
dieser Not,
den festen Grund im Sinn und seinen
Weg neu zu entdecken und zu schützen.

Rückschau nach fünfzig Jahren

Jeder Tag ist ein Gewinn,
jeder neue Tag mit dir.
Jeder Tag macht Mut, gibt Sinn,
schenkt dem Leben reiche Zier.

Was einst uns ließ erkennen
und in uns wuchs wie Rosen,
zündelte und ließ uns brennen;
wollten lieben, küssen, kosen.

Auch wenn nun Kräfte schwinden
und das Herz wird schwächer gar,
wird weiter uns verbinden
die Liebe Jahr für Jahr.

Nicht schnell erkennbar ist das Ziel.
Wer weiß schon, was da kommen mag?
Noch zu erleben gibt es viel,
in jeder Stunde, jeden Tag.

Wie am Himmel Wolken ziehen,
wie die Kerze sich verzehrt,
wie Funken aus dem Feuer sprühen,
hat Liebe uns bisher geführt.

Es kommt der Tag

Was du gewirkt mit deiner Kraft,
mit Fleiß vollbracht mit deinen Händen,
was je der Geist und Körper schafft,
es wird vergehen und sich wenden.

Es kommt der Tag, und du musst lassen
dein Hab und Gut aus dieser Welt.
Nichts kannst du halten oder fassen,
wenn dich die Abschiedsstunde quält.

Dann wird man dich am Ende fragen,
was hat im Leben dich bewegt?
Hast ängstlich du den Schatz vergraben,
oder reiche Ernte hingelegt?

Glück dem, der in verstaubten Ecken
seines Herzens Gutes findet,
wo unter Scherben sich verstecken
auch Taten, die von Liebe künden.

Dem widerfährt ein wahres Glück,
was nie erlischt und ewig währt.
Er gewinnt von dem ein Stück,
was über alle Himmel führt.

Die apokalyptischen Reiter

Es war ein Albtraum in der Nacht
als die Reiter aufgebrochen waren.
Sie haben Feuer angefacht
und flogen ein in großen Scharen.

Wagen zogen sie mit schlimmen Waffen,
die Sporen drangen in das Fleisch der Pferde.
Sie waren verdammt zu rücksichtslosem
Schaffen.
Vor ihnen lief die große Menschenherde.

Sie liefen um ihr nacktes Leben
und traten selbst sich dabei tot.
Da riss die Erde unter Beben.
Aufgebrochen war ein Feuerschlot.

Die Reiter warfen Gift und Todespfeile.
Verpestet wurden Luft und all das
Wasser.
Die Lungen gingen schwer in dieser
Eile,
in Angst und Panik wurden Menschen
immer blasser.

„Weh uns, wir armen Menschenkinder!
Wir hörten nicht die Mahnenden." –
Nun kann die Qualen keiner lindern.
Weh den Müttern, Kindern und den
Lahmenden!

Die Menschen riss hinweg ein Strom
von Feuer, Schlamm und Blut,
und aus Millionen Kehlen schrie ein
lauter Todeschor.
Alle fielen und verbrannten in der
großen heißen Glut.
Vor dem Unheil waren alle gleich; es
gab nur diese eine Spur.

Da halfen weder Geld noch Gut,
auch boten Macht und Bildung keinen Halt.
Alle verschlang die unheilvolle Glut.
Jeder hat dabei sein Leben eingezahlt.

Nach dem großen Weltenbrand
wurde es unheimlich stille.
Da sah ich, wie von Geisterhand
aus der Dampf- und Raucheshülle
wesensfremd Gestalten steigen,
halb Mensch und halb auch Geist. -
Alles Glanz und hehres Schweigen.
Ein Strahl, der himmelwärts sie weist.

Sie waren es, die durch das Feuer gingen,
geläutert wurden und nun auserwählt.
Sie wurden nach dem irdisch schweren Ringen
mit einer neuen bessern Welt vermählt.

Du Mensch hast es in deiner Hand – Tod oder Leben

Schnee und Eis können schmelzen
und noch vieles mehr. –
Philosophen können Probleme wälzen,
doch immer bleibt die Erde gleich schwer.

Nichts geht verloren, kein einziges Atom.
Warum solltest du verloren gehen?
Eingeordnet zwischen Luft- und Wasserstrom
wirst du auf dieser Erde stehen.

Was könnte uns wirklich daran hindern,
die Liebe körperlich sichtbar werden zu lassen,
um sie zu erfüllen in unseren Kindern –
sie zur Menschlichkeit zu erziehen, ohne zu
hassen?

Sie sind die Quelle des Seins und Sieger über
alle apokalyptischen Phantome.
Sie nur können durch ihr Leben die Schöpfung
auf immer erhalten.
Sie sind das starke menschliche Netz der
lebenden Hoffnungsatome,
durch deren Energie wird unsere Welt sich neu
entfalten.

Wie leichtfertig überlassen wir heute noch
Luft und Wasser allen Gefahren!
Wie schänden wir unsere Erde mit den Giften
dieser Zeit!

Wie schwer hat es die Quelle Reinheit zu
bewahren
und ihren Weg zu finden zwischen
Bombentrichtern voll Trauer und Leid!

Pflanzt starke Bäume zu ihrem Schutz!
Schafft weite Auen, auch wenn man euch
dafür verlacht!
Befreit unser Wasser von Unrat und Schmutz!
Und stellt Wachen auf am Tag und auch in der
Nacht!

Bedenkt doch Menschen der Milliarden von
Jahren,
vor denen die Erde geboren ward,
und was ihr durch uns in Minuten kann
widerfahren,
wie schnell die Vernichtung laufen kann nach
rücksichtsloser moderner Art!

Noch habt ihr das Ruder in euren Händen. –
Wenn erst die Sturmflut hereinbricht
u nd das Boot umschlägt – keiner kann´s
wenden:
Sturz in den Untergang – Nacht ohne rettendes
Licht.

Berufen, das Gute zu tun und sich zu erheben
gegen den Schaden,
bestimmt, dafür zu kämpfen, wie ein wahrer
Held,
hast du dein Schicksal auf dich geladen. –
Untergang oder Glück für dich und unsere
Welt!

Hass oder Liebe

Was wagst du dir vor Gott und alle Menschen,
wenn du den Fremden hasst und gar verstößt?
Wer lehrte dich zu schlagen ohne Grund
und auch zu töten, wenn es sich ergab?
Worauf beruft sich deine Dreistigkeit,
die dich in deiner Meute zum brutal
Übermenschen macht?

Bist du enttäuscht von dir und deinem Leben?
War dir dein Elternhaus nichts wert?
Hast du versagt in Schule und Beruf?
Hat schlimme Sucht dir deinen Geist verwirrt?
Sprach niemand dir von Gott und seiner
Schöpfung,
die du zu achten hast, um sie zu lieben?

Empfangen wurdest du und nackt geboren,
wie jeder Mensch auf dieser Erde,
ohne Privilegien der Farbe, Rasse, des
Geschlechts
und ohne Rechte auf ein Land und seine
Sprache.

Was macht dich also überlegen gegenüber
Andersdenkenden
mit einer dir vielleicht ganz fremden Religion,
der nicht die gleiche Farbe deiner Haut erhielt,
der nicht wie du, auf diesem Teil der Erde
wart geboren?
Woher bezieht nur deine Arroganz die starke
Energie?

Sieh in den Spiegel und erkenne dich!
Lass doch nach langer Pause dein Gewissen
wieder einmal sprechen!
Hör auf dein Herz, es schlägt zum Leben dir
und nicht zum Hass und nicht zur Feindschaft
gegen menschliche Natur!
Fühl` nur einmal mit allen deinen Sinnen die
zarten Hände einer tiefen Liebe!
Dann weißt du auch, wie kostbar,
unvergleichlich unser aller Leben ist.

Lass dich bekehren gegen Hass und Streit,
aus denen Not und immer neue Feindschaft
wächst!
Ich weiß, du willst nicht wirklich Untergang,
nicht Chaos oder kalte Barbarei.

Dein Ziel war frei zu sein von allen Zwängen
dieser Welt,
sich selbst genug zu sein und keinem fremden
Willen unterliegen.
Doch fühlst du nicht, dass du dich der Gewalt
nun unterworfen hast,
der Macht, die Böses will, zerstört und die das
Leben hasst?

Lass dich nicht weiterhin missbrauchen,
und wende ab dich von Gewalt und Tod!
Versuche Frieden für dein Herz zu finden!
Wenn Liebe überdauert, vergeht der alte Hass.

Nach der Zeit

Mir ist, als ob nach langer Zeit
Posaunenengel laut ihr Spiel beginnen,
uns zu wecken für die Ewigkeit
und in neue Dimensionen zu verschlingen.

Wo sind wir dann, wir armen Kreaturen?
Kein Stäubchen ist von uns zu spüren,
verstreut auf Wasser und auf allen Fluren.
Wer sollte uns zusammenführen?

Ein Strahl aus Ewigkeit gesandt
schweißt sie zusammen, die Verlorenen,
haucht neuen Geist ein, allem was
verschwand,
und so entstehen Neugeborene.

Dann endlich ist die Liebe stärker als
Gewalt,
so wie Wasser Felsen sprengt.
Dann endlich ist das Licht der Ewigkeit
erstrahlt
und hat das Neue Leben uns geschenkt.

Das neue Grab

Der Sonne heller Glanz am frühen Morgen
blickt auf das blumenübersäte frische Grab.
Er kennt die Angst nicht und die vielen
Sorgen,
als alles Licht im Menschen deiner Liebe
brach.

Stark waren Wurzeln und die Zweige an dem
Lebensbaum verwachsen,
so dass der frühe Tod dir Tränen in die Augen
ruft.
Zu schnell zerbrach mit diesem jähen Ende so
mancher unerfüllte Traum,
der flüchtig wurde jetzt am Rand der dunklen,
kühlen Gruft.

Was bleibt ist die schon längst verflogene
Erinnerung,
die neu ersteht aus dieser dunklen Zelle.
Mit deinem letzten Blick und einer roten
Rose
trägt sie dich fort auf einer zarten Welle.

Lebendig neu entsteht ein Bild von dir.
Es spricht aus einem wunderschönen
Spiegel.
Dein sterbend Wort, was drang zu mir,
war deiner Liebe letztes Siegel.

Nun weiß ich, wie es geht in uns´rer Welt,
was mir von Dauer ist und wirklich zählt.
Fahr hin, was Reichtum gaukelnd uns
erscheint!
Auf Dauer hat Bestand, was uns vereint.

Der Zeiten Strom

Der Berg er kreißte und gebar ein Quell.
Durch Gestein und Gras, durchs Moos
floss reines Wasser silberhell.
Kaum hörbar plätscherte es los.

Ganz leise über Steine , Sand
ging es den Berg hinunter.
Leicht den Weg zum Tal er fand.
Zum Bächlein ward es munter.

Viele Wasser von dem Berge
sah es lustig zu ihm springen;
und so liefen Wasserzwerge
um zum Bächlein einzudringen.

Bald stürzte drauf ein Bach von Klippen,
ließ alle seine Wasserstäube
an Regenbogenfarben nippen.
Ein Abbild schöner Lebensträume.

Und als der jugendliche Bach
zur Ruhe kam im nahen Tal,
da wurden kleine Wesen wach
und fanden Heimat ihrer Wahl.

Ob Lurche, Larven der Libelle,
ob Wasserläufer, Käferlein,
sie waren alle gleich zu Stelle
und fanden es zusammen fein.

Dem Tal ein Flüsschen bald darauf
erschien,
das seiner Klarheit wegen noch
Bekanntschaft macht
mit vielen Wasserläufen hin zu ihm.
Die brachten Fischlein mit und manche
andre Fracht.

Das schöne Tal war weit und eben.
Der Fluss mäanderte in Ruhe fort.
Er spendete mit Wasser neues Leben
und wuchs zum See mal hier, mal dort.

Doch wie alles, war auch unser Fluss gefangen
vom wechselvollen Spiel in jedem Leben.
Sein Zulauf wuchs und so ein ernstes Bangen,
dass man verlangen würde, seine Energie jetzt
preiszugeben.

Die Wassermassen wuchsen ihm wie nie.
In feste Wände staute man die Bahn
und presste aus ihm seine Energie.
Ersonnen war schon lange dieser Plan.

Das Wasser lief als Strom dem Meer nun nach.
Es musste viele schwere Schiffe tragen
und übernahm noch manchen schlimmen
Bach,
ohne das Leben nach dem Sinn zu fragen.

Endlich, das Gezeitenmaul im Blick,
und alles strömte fortan dort hinein.
Vorbei an Hafenstätten bunt und schick.
Unendlich groß erschien das neue Sein.

Was wird dem Strom nun weiter folgen?
Das Meer wird alle Lasten tragen,
und wenn die Stürme Wellen jagen,
erhebt sich Wasser zu den Wolken.

Noch gerne hält der Strom Erinnerungen
wach,
als er am Bergeshang mit kindlich
leichtem Spiel,
noch klein und für sein Leben
unerfahren schwach,
er über Klippen in ein ungewisses Tal
einst fiel.

Wenn erst die Steine weinen

Was ist mit unserer Erde geschehen?
Die ganze Schöpfung schreit vor Schmerzen.
Luft wird verpestet und viele schweigen,
Erde verwüstet mit Giften verseucht,
Wasser kann selbst sich nicht reinigen mehr.

Tiere, in großer Bedrängnis, warten auf
schnellen, oft qualvollen Tod.
Mit geübter Hand werden Pflanzen gesät
mit dem Ziel der Gas- und Benzingewinnung,
auch wohl fürs Fortbestehen von Leben auf
Erden,
doch manipuliert mit Genen und Giften
und beregnet mit Wasser des unheilvollen
Kreislaufes.

Aus Gier nach dem Geld werden Wälder
abgeholzt;
der Raubbau bestimmt alles Handeln.
Wenige, die loben aber viele klagen an,
was mit den Meeren geschehen ist:
Wasservögel verenden elend in stinkendem Öl,
Fische schwimmen mit dem Bauch nach oben
randvoll mit unseren Anfällen,
mit Giften und Polyäthylen.

Wir Menschen aber klagen über die
Umweltkatastrophen,
über die Erderwärmung, Überschwemmungen
und Unwetter,
Tsunami und Tornados verwüsten die Erde auf
ihre Weise.
Sind das die Zeichen unseres nahenden Endes?

Schwarz wird es dann und plötzlich ganz leise,
die Wellen und Stürme werden ruhen;
und die Luft wird zum giftigen Gas.
Nie zuvor war es um uns so heiß.
Unser aller Tod ist dann programmiert.
Wir werden in beißendem Feuer verglühen.
Platzende Lungen und Köpfe, ein Strom von
Blut.
Aus dem Inferno führt kein rettender Weg
heraus.
Alles verschmilzt zu stinkendem üblen Dreck.

Wenn dann die Steine erst weinen,
haben wir längst trockene Augen
und werden als Asche vom Wind verweht.

Habt ihr noch immer Mut zum Verhindern? –
Es lohnt!
Sucht endlich nach den Wegen der Vernunft!

Noch scheinen uns Sonne, die Sterne, der
Mond.
Erkennt sie, die Chance der Zukunft für unsere
Erde!
Die Chance für unsere Luft und fürs Wasser,
die Chance für unser menschliches Leben,
für Liebe und gegen Zerstörer und Hasser. –
Die Macht der Gewissen müsste es geben!

Unser Leben

Wie ein Vogel, wunderschön,
fliegt unser Leben so dahin;
durch Tiefen, über große Höh´n.
Oft allzu spät erkannter Sinn.

Ein starker Fluss, der Zeiten Lauf,
kein Stillstand wird es geben.
Was wir hier wirken, nimmt er auf,
bis einst verlöscht das Leben.

Ein Ruder und ein Floß was trägt
kann Freundschaft und die Liebe sein.
Dass uns der Strudel nicht umschlägt,
halt fest was trägt, sei ´s noch so klein.

Und kommt die Zeit der Stille,
der inneren Erkenntnis,
berührt auch dich des Schöpfers Wille,
befreit von aller Trübnis.

Hochsauerland

Als wir gingen auf den Höhen –
unter uns die weite Welt
war so herrlich anzusehen:
Frühlingsgrün und buntes Feld.

Die alten Häuser – liebevoll erhalten,
kunstvoll mit Schiefer eingedeckt die
schwarzen Fachwerke,
in strahlendem Weiß die Wände frisch
gehalten.
Tief in die schweren Balken
eingeschnitten die Vermerke
von frohen Zeiten und was in großer Not
man hat erlitten;
ob Liebe galt als Fundament,
auch was durch Krieg und Brand verdarb
Stets war dies Anlass, Gottes Segen,
seinen Beistand zu erbitten,
mit dessen Hilfe man begann, so
Schönes schuf und neu erwarb.

So führten unsre Wege durch das Sauerland.
Mit frohem Sinn und Heiterkeit man es
erkundete.
Das wache Herz so manches Kleinod fand,
und mit der Abendsonne ein köstlich Mahl uns
mundete.

Wenn Glück man über all die ganze Schönheit
spürt,
die sich auch oft im Kleinsten still verborgen
hält,
so hat dein Herz, wenn es dir deine Sinne
führt,
für deine Seele stets Zufriedenheit gewählt.

Frühling

Noch blühten nicht am Strauch die
gold`nen Glöckchen auf,
noch ist er viel zu kühl, der Tageslauf.
Doch unter jener kalten, weißen Pracht,
die immer unscheinbarer wird, wenn uns
die Sonne lacht,
haben Schneeglöckchen und auch der
Winterling
sich mutig aus dem Schlaf gereckt und
flink
ihr weißes und das gelbe Röckchen
angezogen
und jeden Sonnenstrahl mit ihrem schönen
Kleid verwoben.

So wird er angesagt, der schöne junge
Frühling;
und schon lässt er sich wieder hören, unser
bunter Fink. –
Hab´ nur Geduld! Es dauert nur noch eine
kurze Weile,
bis alle Instrumente eingestimmt sind auf der
Hochzeitsmeile,
bis alles wieder blüht in farbenfroher Pracht
und uns das Herz im Leibe endlich wieder
lacht.

Frühlingsfreude

Endlich ist er wieder da –
der Frühling mit Forsythia.
Gelb lacht es hinter allen Zäunen
und lässt uns von der Sonne träumen.

Ein Zwitschern von den Bäumen schallt,
es kündet von der Hochzeit bald.
Und aus des Winters starren Schuppen
will sich das erste Grün entpuppen.

Aufgewacht mit tiefem Brummen
die ersten dicken Hummeln summen.
Sie werden Frühlingsblumen stürmen
und sich an Sonnenstrahlen wärmen.

Schon duftet`s in geschützten Ecken,
weil Veilchen ihre Blüten recken.
Wenn auch die Nächte oftmals kühl,
es ändert nichts an dem Gefühl,
dass Winter auf dem Rückzug ist
und Frühling bunte Fahnen hisst.

Wem immer noch die Trübsal schlägt,
wer im Gesicht den Griesgram trägt,
der öffne Augen, Nase, Ohren,
sonst ist er in sich selbst verloren.

Das Gänseblümchen

Ein Gänseblümchen namens Liese
stand bei dem Nachbarn auf der Wiese.
Den Eigentümer ärgert das,
dass da was and´res stand als Gras.
Er nimmt den Mäher „1000 Watt"
und macht die schöne Wiese platt.

Da hat die Liese sehr gelitten,
lag da verwelkt und abgeschnitten.
Der Eigentümer groß und kräftig,
hat keine Zeit, ist zu beschäftigt,
um stummes Leid der kleinen Blüten
zu hören und sie zu behüten.

Doch wohnt der Alfred nebenan,
der sich darüber ärgern kann.
Er fragt den Nachbarn: „Muss das sein?"
Doch dem fällt keine Antwort ein.
Stumm bückt er sich und überreicht
dem Alfred ein paar Blumen leicht.

Der nimmt sie lächelnd, geht ins Zimmer,
presst sie im Buch und hat für immer
die Gänseblümchen – trocken zwar, –
doch in Gedanken, wie es war.
Und die Moral von der Geschicht´:
Verachte Unscheinbares nicht!

Pro Vita

Unter dem Herzen der Mutter wohnt das
Leben –
da, wo die Liebe sich ein Zuhause
versprach.
Es wird wachsen und sich mit uns
verweben. –
Ein Stück von dir selbst, das alles
vermag.

Still in der Hoffnung, auf dich fest
vertrauend,
froh und lebendig, schon lange gespürt,
will es mit dir, die bunte Welt schauend,
in dein Leben treten, von deiner Hand
geführt.

Welch ein gewaltiger Auftrag an dich!
Geschöpf und Schöpfer im eigenen
Leben.
Wie es geschieht – ein Wunder für sich.
Empfangene sind wir, oft arm im Geben.

Da wächst aus zwei Zellen ein Körper
heran
mit Kopf und Füßen, zwei Händen, die Finger
ziert,
einem Herz, was schlägt und bald auch lieben
kann,
ein Wesen, das dir immer ähnlicher wird.

Wer kann sich der Größe des Auftrags
verschließen?
Wer darf hier entscheiden zwischen Leben
und Tod?
Wer zählt die Tränen, die in den See der
Trauer fließen,
wenn Schöpfung verdrängt wird, hilflos mit
tödlichem Mut?

Die Liebe zwischen Frau und Mann strebt zu
neuem Leben.
Schützt diese Liebe und das Leben von ihrem
Kind!
Was sie pflanzt unter ein waches Herz,
ist unser Segen.
Wehrt ab von ihr tödlichen Sturm und
 giftigen Wind!

Hochzeit
(Liebe und Treue)

Macht eine Fahrt ins Grenzenlose!
Lauft über weit gespannte Brücken!
Riecht an der Regenbogenrose –
lasst euch von ihrem Duft entrücken!

Auf Schwingen starker Adler wagen
über alle Reiche von Poseidon. –
Bis an die Sterne lasst euch tragen!
Empfangt der Liebe reichen Lohn!

Sucht Perlen in dem tiefsten Grund
im bunten Meer der schönsten Träume!
Tut dankbar allen Menschen kund,
was ohne Liebe sie versäumen!

Solang ihr Leben in euch spürt,
in Treue zu einander steht,
die Liebe Hand in Hand euch führt,
ihr stets auf gold´nen Wegen geht.

Mit den schönsten Blumen dieser Welt
lasst Kränze winden und euch schmücken!
Und seid gewiss, dass weder Gut noch Geld
euch mehr als eure Liebe kann beglücken.

Rote Tulpen

Ich hab´ in purpurne Kelche geschaut
und fand in der Tiefe nur Dunkelheit.
Die Tulpen, sie haben mir zugeraunt:
„Erfreue dich über mein
Frühlingskleid!"

Doch siehst du nur auf die Äußerlichkeit
und schaust nicht tief in das Herz hinein,
dann klage nicht später über die Zeit,
da dir der Schein mehr galt als das Sein.

Nachdem sich die Blätter entfaltet hatten
und so die verborgene Scham sich
zeigte,
da sah ich die zarten Blätter ermatten
und hörte den Tod, der sein Liedlein
geigte.

Rasch ist sie vergangen, die leuchtende Glut.
Freude und Staunen verliefen in Tränen.
All` Schönheit verblasst in der Sonnenflut.
In uns zurück bleibt ein heimliches Sehnen.

Vergoldete Zeit

Wer nie den goldnen Herbst besah,
nicht nur mit Augen, mit dem Herzen;
wem das nicht freudenvoll geschah,
sollt´ sich in Meerestiefe stürzen.

Umglänzt von späten Sonnenstrahlen,
berauscht von herbstens Farbenspiel,
im Winde bunte Tücher wehen. –
Du bist verzaubert, in dir still.

Und jedes Blatt ein Märchen schreibt
von satten grünen Sommertagen.
Erinnerung, die in uns bleibt,
hilft uns das Kommende zu tragen.

Kein Wölkchen trübt des Himmels
Blau;
zu deinen Füßen raschelt ´s leise.
Hoch zu dem Dom der Bäume schau!
Es singt dein Herz. Den Schöpfer
preise!

Wo sind die Jahre geblieben?

Wo sind die Jahre geblieben
mit all den Blumen und voller Träume?
Bunt waren unsere Lebensräume.
Glück ist im Herzen uns aufgeschrieben.

Kinder erlebt wie funkelnde Sterne
am nächtlichen weitem Firmament.
Das turbulente Haus noch jeder kennt. -
Alles liegt nun in weitester Ferne.

Es bleiben uns Bilder
von allem Gelingen,
oft eiferndem Ringen.
Doch Alter macht milder.

Schnell kam nun das Alter;
betäubt manche Wunden; -
fast sind sie verschwunden.
Alles ein schillernder Falter.

Kein Ringen mehr um all die Jahre.
In uns wachsen Zufriedenheit
und ehrlich große Dankbarkeit. -
Nie wurde das Glück uns zur Ware.

Unser Wissen

Sonne und Mond, so weit entfernt
und doch so nahe in meinem Herzen.
Wodurch und von wem habt ihr gelernt,
ihr abermilliarden funkelnder Kerzen?
Nur manches sichtbar gedrängt am Firmament,
doch wirklich in nicht zu begreifender Ferne.
Stern, der schon Lichtjahre entfernt nicht mehr
brennt,
leuchtet uns auf als neue Himmelslaterne.
Dazwischen ex- und implodieren Sterne,
bilden sich Galaxien und schwarze Löcher.
Wer kann sie begreifen, unendliche Ferne,
und was hält das All noch verborgen im
Köcher?

Kluge haben die Sicht einer Ameise,
die Anderen, nicht einmal die von
Staubkörnern.
Die Klugen verharren ehrfürchtig leise
und verbreiten nichts mit Posaunen und
Hörnern. –
Am Ende weiß ein jeder, dass er wohl
nichts weiß
von der Größe der Unendlichkeit, die
uns umgibt
und vergleicht sein Wissen mit einem
Körnchen Reis.
Wer kann wohl den Sand sortieren, wenn
er ihn siebt?

Wir in unserer Zeit

Tage vergehen,
Jahre verwehen.
In uns bleibt bunte Erinnerung.

Liebe und Scherz -
Trauer und Schmerz -
Bilder aus uns`rer Vergangenheit.

Blumen und Bäume -
Schönheit und Träume -
das zu erleben, ist unser Glück.

Scheint uns die Sonne,
schenkt Wärme und Wonne,
so bleiben Herz und Verstand immer jung.

Kinder, die lachen,
Feuer entfachen.
Herz läuft uns über in Fröhlichkeit.

Helfende Hände
bringen die Wende,
wenn sie mit tragen, was uns beschwert.

Was Hirne erdacht,
wird oft nur verlacht;
Hände haben es fertig gebracht.

Doch all unser Streben
in unserem Leben
wird einst zu Staub - verwehet im Wind.

Lasst Gott in uns walten,
er wird uns erhalten!
So wird sich vollenden, was einstmals
begann.

Späte Wünsche

Noch einmal jung und verliebt
und heimlich sich zärtlich geküsst.
Noch einmal das Leben versüßt.
Ob es ein launisches Schicksal gibt?

Noch einmal das flüsternde Sagen
und leidenschaftlich umschlungen;
dabei im Herzen gesungen
von all den sehnsuchtsvollen Fragen.

Noch einmal unter dem Kirschbaum liegen
wenn alles nach Erde und Nektar riecht,
die Sonne durchs Grün aller Blätter bricht
und summend Lieder die Krone durchfliegen.

Noch lange möchte ich so träumen
von Jugendzeit und ihrer Schönheit.
Doch öffne dich meine Seele weit,
um das Heute nicht zu versäumen!

Froh lachende Kinder zu schauen,
beglückt in die Arme sie schließen,
um Tränen zu trocknen, die fließen,
im Sand eine Kugelbahn bauen.

Noch einmal gemeinsam beginnen,
um neu ein Fundament zu bauen;
dabei stets auf morgen vertrauen.
So vieles ist noch zu bezwingen.

Noch kann ich durch schöne Fluren
gehen
und all die duftenden Blumen
pflücken,
gerne den Freunden die Hände
drücken,
die sich, so hoff ich, noch lange
sehen.

Inständig hoff ich und bitte um Zeit
für alles, was kommen wird im
Leben.
Gerne würde ich viel dafür geben.
Ach, läg´ doch das Ziel der Reise
noch weit!

Zum vierundneunzigsten Geburtstag von Mutter

Ach Mutter, sag mir doch,
wie hast du das gemacht?
Fit auch nach 94 noch;
vor Glück dein Herz heut lacht.

In allen Lebenslagen
ging nie dein Licht der Hoffnung aus.
War's noch so schwer zu tragen,
den richt'gen Weg fand Mutter raus.

Selbst Krieg und Bombennächte,
auch Angst in mancher Not,
ja allen finst'ren Mächten
sie ihre Stirne bot.

Sie wusste Trost zu spenden,
bei Krankheit Leid zu lindern.
Sie hielt uns an den Händen
und half stets ihren Kindern.

Verrat uns dein Rezept doch bitte,
um es dir einmal gleich zu tun.
Es war doch immer schon so Sitte,
dass Küken lernen von dem Huhn.

Eins kann man sicher klar erkennen,
was schuf des Geistes Regsamkeit;
ich will hier Ross und Reiter nennen:
Zucht, Fleiß und die Zufriedenheit.

Schon schlägt sie das Rezeptbuch auf
und liest freimütig daraus vor.
So nimm denn Weisheit deinen Lauf
für uns und aller Menschen Ohr:

„Der Geist muss in Bewegung
bleiben,
darf nicht verkümmern, stille steh'n.
Den Müßiggang müsst ihr vertreiben
und täglich tausend Schritte geh'n!

So bleiben Geist und Körper frei
von aller Last, die euch nur hemmt.
Es sei euch niemals einerlei,
wenn eine Frage in euch brennt!

Schlagt nach in allen Werken!
Lest gute Bücher Wort für Wort!
Versucht euch viel zu merken!
So lernt ihr Neues immer fort."

Weit geht dein Ruf dir schon voraus
weil so vital du bist geblieben.
Für uns heißt es nun: „Lernt daraus!"
Dafür hab ich es aufgeschrieben.

Sollst hundert Jahre werden,
genießen recht viel Sonnenschein.
Dein Weg soll geh´n durch bunte
Gärten,
frei von Schmerzen mög´ er sein.

Sonne und Mensch

Wir bitten: „Komm zu uns über den
Berg,
zerschneide die Wolken mit deinem
Strahl!
Beginne o Sonne dein tägliches Werk,
erhalt´ uns das Leben in diesem Tal!"

Was wären wir ohne dein Feuer,
die Wärme und ohne dein Licht?
Nichts ist uns so lieb und so teuer,
weil ohne dich alles zerbricht.

Mit dir nur kommt all unser Leben
und ohne dich Kälte und Eis.
Du nimmst nicht, wirst immer nur
geben;
du kennst keinen Lohn oder Preis.

Wie wäre es, wenn auch wir Menschen
nicht fragten nach Gut und nach Geld?
Es würden die Herzen uns glänzen
durch Liebe in unserer Welt.

Dann müsste die Sonne nicht scheinen
auf Kriege, Raub oder Habgier,
und keiner brauchte zu weinen.
Glück gäb´ es und Frieden dafür.

Vorübergang

Der Herbst lässt seine Schönheit
fallen –
von Bäumen wehen bunte Blätter.
Zur Jagt die Hörner weithin hallen –
und kühl und nässer wird das Wetter.

Dichter Nebel schließt uns ein
und trübt den Blick zur Ferne.
Verhüllt ist uns der Sonnenschein
und nachts das Bild der Sterne.

Da endlich gehe ein in dich!
Am kahlen Baum kannst du´s
erkennen:
Mit deinem Stolz und Hader brich!
Auch du musst dich von allem
trennen.

Dann werden sichtbar deine Taten,
wenn du vom Glanz und Schmuck beraubt.
Was wuchs hervor aus deinen Saaten,
an die du hoffnungsvoll geglaubt?

Find´ endlich Ruhe Herz in dir!
Wurzeln such für dieses Leben!
Frag, was gab die Liebe mir,
und wieviel habe ich gegeben?

Du wirst Winters Zeiten so bestehen,
die immer kalte Stürme bringen,
bis wieder warme Winde wehen,
die alle Knospen lassen springen.

Vorübergang dein Leben!
Erweise dich als starker Baum,
dass nicht der Schmuck dein Streben,
den festen Stamm, den lass uns schau´n!

Stille

Ruhelos ist unser Herz,
des Menschen Leben rastlos.
Wettlauf ist der Menschen Schmerz. –
Nur Stille macht die Seele groß.

Gott ruft dich in dieser Zeit
aus der Hektik deiner Tage.
Öffne dich und sei bereit!
Stell allen Stress in Frage.

In Dir mein Gott, da find´ ich meine
Ruh´,
mit Dir mein Gott, erkenne ich das Du,
durch Dich mein Gott, erhalte ich die
Kraft,
die stetig mich zu Deinem Werkzeug
macht.

Vision

Mein Sehnen und mein Trachten
ist mir in meinem Leben
das Böse zu verachten
und Gutes zu erstreben.

Ach, wär die Welt doch offen
für alle guten Taten,
dann könnte jeder hoffen,
froh auf die neue Saaten.

Stets hindern in uns Hass und Neid,
Trauer und oft große Not
durch Krieg und Elend, alles Leid,
zu danken für das täglich Brot.

Denn wer nicht danken kann auf
Erden,
verliert das Glück und auch den
Frieden.
Es kann nichts Gutes bei uns
werden,
wird all der Undank nicht gemieden.

Schützt bitte Land und alle Leute
vor Ungemach und dem Verderben,
dass nicht die Todesglocken läuten
nach einem Brand und tausend
Scherben!

Vermeidet doch die alten Ränke!
Macht das Gewissen zum Gesetz!
Ehrlichkeit und Treue lenke
das Schicksal aller Menschen stets.

Der Zwietracht, aller bösen Reden
schwört ab für immer, auch Daheim!
Wenn alle Menschen danach streben,
wird fester Grund für Frieden sein.

Es könnte so in ferner Zukunft
auf unsrer Erde Eintracht geben.
Dann könnten Herzen und Vernunft
in Harmonie zusammenleben.

Wird die Liebe siegen?

Ist es das Los der unzähligen Kinder,
zu hungern, zu frieren und dann zu
sterben? –
Traut nicht den Worten der
Wohlstandsverkünder!
Sie werden euch niemals etwas vererben.

Denn da, wo nur Macht und Reichtum
zählen
und wo die Ärmsten noch ärmer werden.
Da, wo selbst Wasser und Brot noch
fehlen,
kann es nicht Frieden geben auf Erden.

Statt vieler Worte sind Taten notwendig,
denn Armut bekämpfen nur offene
Hände.
Nur in der Liebe bleibt Hoffnung
lebendig;
nur sie löscht den Hass und die ewigen Brände.

Einst wirst du gefragt: "Was tatest du Gutes,
was tatest du ohne dich laut zu rühmen,
was tatest du gerne und frohen Mutes,
und gab es Erfolg bei deinem Bemühen?"

Nur Beute machen gilt dann nicht mehr.
Augen und Ohren sind nicht mehr
verschlossen.
Die Hände der Ärmsten bleiben nicht leer,
und Öl wird in offene Wunden gegossen.

Dann endlich hat wohl die Liebe gesiegt,
die wahren Frieden den Menschen verkündet,
und Hoffnung dann stärker als Kummer wiegt. –
Wer ist es, der dieses Feuer entzündet?

Zum siebzigsten Geburtstag

Wie schnell die Jahre doch vergehen
mit Liebe, Kummer, Freud` und Leid.
Bevor man sich´s hat recht versehen,
erreicht man die Seniorenzeit.

Was ist die Zeit, als die von
Menschenhirn
erdachte Ordnungskategorie.
So kommt es, dass wohl hinter jeder
Menschenstirn
entstand persönlich eine Theorie,
wie alt der Mensch im Allgemeinen
und dann auch selber werden kann.
Geplant wird so von Kindesbeinen:
„Wenn ich erst älter bin, ja dann.......!"

Auf diese Weise, so sei es geklagt,
vergeht etwa ein Viertel jeder Lebenszeit.
Später hat man manches dann gewagt,
hat sich entschieden, zeigte sich bereit
in dem erkannten Zeit- und Raumkontinuum
als ein halbwegs nützliches Subjekt zu leben
und stocherte mal hier mal da in seiner Welt
herum,
um eine Zukunft sich zu bauen und zu weben.

Dabei wurde kaum bemerkt und auch bedacht,
auf welchem dünnen Seil man balancierte.

Wie schnell und oft hat uns das Schicksal dann
verlacht,
wenn man sich mit der Jokerkarte gerade tief
blamierte. –

In dieser Not stößt man dann oft auf
wahre Werte
wie Liebe, Partnerschaft und
Kindersegen.
Man war und ist beglückt, wenn
dieses alles sich vermehrte
und stets ist man bedacht, es zu
erhalten und zu pflegen.

Doch dann vergehen Jahre schnell
und schneller; -
Kalenderblätter fliegen mit dem
Sturm der Zeit.
So wird es mit den Jahren deutlicher
und heller,
dass nach dem Sommerende die
Herbstzeit nicht mehr weit.

Bewahren möchte man, was nicht zu halten ist.
Noch steht nach jugendlicher Frische dir der
Sinn.
Doch alles Streben und so manche angewandte
List,
sie helfen dabei kaum. – Die Zeit ist einfach
hin!
Auch wenn die Sonne hin und wieder lacht,
nichts kann man bewahren in seinem ganzen
Leben.
Kaum, dass man verhindern konnte Schicksals
Macht;
wohl dem, der es versuchte durch sein
menschlich Streben.

Zwangsläufig kommt ein jeder zu dem
Schluss:
Was einmal war, ist nun Vergangenheit.

Auch, dass man sich mit seinem Alter
arrangieren muss,
da auch der Herbst manch Schönes
hält bereit.
Es ist die Erntezeit für alles, was die
Erde schenkte,
und grünes Laub steht plötzlich da in
bunter Farbenpracht. –
War es nicht köstlich, wie der
Himmel unser Leben lenkte?

Doch Zeit und Raum, sie bleiben
niemals stehen,
Verbunden sind wir mit dem ew'gen
Lauf, den keiner kennt. –
Ahnung kam für eine Zeit, wo kühle
Winde wehen,
und sorgenvoll geht unser Blick
hinauf zum Firmament.

Was wird die Zukunft uns an Wintertagen
bringen?
Wie werden wir gerüstet sein für Kälte und für
Dunkelheit?
Kann unser Geist dann immer noch ein
Danklied singen,
oder ist er voller Gram durch Krankheit,
Schmerz und Leid?

Seid auf der Hut vor solchen traurigen
Gedanken!
Was uns vorausbestimmt ist, kennt man nicht.
Geht mutig durch die Zeiten ohne Zaudern,
ohne Wanken!
Tragt alles mit Geduld, - es grüßt ein fernes
Licht!

Verweht

Ach, viel zu rasch ging sie dahin,
die Zeit mit all den schönen Stunden,
in der nicht nur die Sonne schien;
auch manches Leid war eingebunden.

So ist der Menschen Lebenszeit:
Mal schenkt sie Freude, mal auch
Trauer.
Zu Zeiten frisst auch Eitelkeit.
Doch haftet nichts und ist von Dauer.

Auch Freunde gehen neue Pfade
und hinterlassen leeres Feld.
Ist Abschied gut, so ist es Gnade
in dieser wechselhaften Welt.

So wollen wir, so lang es tagt
mit Herz und Mund und Händen
reden.
Nur der, der alles freudig wagt,
zerreißt kein Band noch starke Fäden.

Am Sonnenstrand

Du liegst am sonnenüberströmten Strand
im weißen, warmen, feinen Sand,
und deine Sinne schwinden sanft
im Rhythmus, wie die Brandung stampft.
Sie geben sich dem Augenblick;
es ist, o Harmonie, dein Sieg. –
Da spürst du, wie von unbekannt,
wie von der Geliebten Hand,
auf deiner Haut ein zartes Streicheln,
vom Sonnenwind ein sanftes Schmeicheln,
der über tausend Wellen ritt.
Er bringt der Seele Balsam mit. –
Raum und Zeit entschwinden dir,
befreit bist du von Neid und Gier,
magst alle Welt umarmen. –
Jetzt heilen alle Narben.

Am Ostseestrand

O, schöner Ostseestrand
mit deinen Muscheln, Steinen, Sand,
mit deinem Wellenschlag und
Rauschen. –
dem wollt ich immer lauschen.

Der Möwen freier Flug,
der Segel Spiel im Wind,
ersehnt und nie genug. -
Der Mensch hier Ruhe find.

Vielfältig buntes Bild,
du schönes weites Land.
Dein Klima warm und mild, -
ich habe dich erkannt.

Die weiße Pracht

Weiß ist alles übersät
durch Kirschen und der Birnen Pracht.
Ein Hochzeitsschleier ist gewebt,
und alles jubelt, tanzt und lacht.

Bald folgt der Apfelblütenflor
wie Porzellan rose' und weiß.
Ein Traum von Schönheit bricht hervor
auf Frühlings lockendes Geheiß.

O Zeit, wenn alles ist erwacht,
wie ist es dir gelungen?
Aus Winters langer, dunkler Nacht
ist zauberhaft ein Lied erklungen.

Die Kirschernte

Im Kirschbaum ganz oben standst du
und pflücktest Früchte, die süßen.
Ich sah dich und kam nicht mehr zur Ruh.
Kamst von der Leiter herunter mit flinken
Füßen
und reichtest den vollen Korb mir, um ihn
zu leeren.
Ich tat meinen Dienst wie im Traum
und sah nur zu dir und konnt´ es nicht
wehren;
keinen Blick mehr für all die Kirschen am
Baum;
nur deine Augen sah ich und deinen
Mund,
sah alles an dir bis zu den Füßen,
alles was schlank und alles was rund;
wollte den Abend so gern dir versüßen.
Doch du ließest mich stehen bei den
vollen Körben.
und tatest, als ob du mich nie hättest
gesehen.
Es war wie mein Untergang und Verderben.
Ach, wäre doch in deiner Brust auch etwas
geschehen!

Doch plötzlich standst du wie ein Engel vor
mir,
mich zu fragen nach dem Weg in das Dorf.
Um Zeit zu gewinnen, erklärt ich es
umständlich dir.
Danach warb ich noch mehrfach um deine
Geduld:
Nach kurzer Arbeit hätt´ ich die gleichen
Wege
und ich wäre am Ende nicht gerne schuld,
wenn du die Weggabel verfehltest, die schräge.
Sie lächelte und blieb, um zu warten.
Auch sie hatte begriffen, was mit uns
geschehen war.
Im Bauch begannen Schmetterlinge zu starten.
Warn das die Kirschen im Magen oder die
Liebe gar? -

Es wurde ein langer, sehr schöner Weg in
Einsamkeit.
Viele Male ging es dabei um das kleine Dorf
herum.
Ein Abend war es voller glücklicher
Gemeinsamkeit.

Vergissmeinnicht

Fünf Blätter strahlen himmelblau.
Sie leuchten für die Liebe.
Sie zeigen sich für Mann und Frau,
auch für die kleine Biene.

Ein Blatt für Liebe, heiß und stark,
eins für die Treue alle Zeit,
eins für Herz und Ehre bis ins Mark,
eins für Lust und Freude himmelweit.
Ein Blatt für die Beständigkeit.

Mittenrein strohgelb der Kuss.
Es reizt der farbenfrohe Mund.
Was die Biene suchen muss,
verbirgt ein süßer Blumenschlund.

Gern wollt ich die Biene sein
und zarte Lippen küssen;
schwören würd ich: „Immer dein!"
Nie dich vergessen müssen.

Ruf an Pegasus

Es liegt ein Boot vor Anker
im stillen seichten Meer,
kein Ruderer, kein Lenker,
kein Mast noch Segel hehr.

Ganz sacht verschwindet alles Licht.
Der Abend neigt sich still herab,
und übers Wasser Feuer bricht.
Ein letzter Ruf der Möwe starb.

Der Wellenschlag wird schwach und leise.
Ein zartes rollen kleiner Kiesel,
sie singen Tages Abschiedsweisen.
Im Wind verweht ein feiner Niesel.

Bricht mir der Tag, bricht mir das Leben?
Wo führt es hin, das weite Meer?
Wer kann uns eine Antwort geben?
Zielt schon auf mich der Todesspeer?

Es scheint, als löse sich der Nachen
und schaukelt sacht zum Ufer hin.
Will mich zu seinem Gast wohl
machen,
kommt ängstlich mir in meinen Sinn.

Doch dann erkenne ich den Fährmann
mit Flügeln stark: Der Pegasus,
der in die Nacht mich führen kann,
wo Muscheln rauschen wie ein Kuss.

Sonnenglut

Heut´ kam die Glut vom Sonnensiegel
und fiel durch schmale Wolkenlücken.
Sie legte sich auf Wasserspiegel,
um so den Abend uns zu schmücken.

So brannte Wasser purpurrot,
ein Lavastrom vom Himmel floss;
verschlang das kleine Fischerboot,
ließ meine Sinne nicht mehr los.

Ein Traum vom feuerroten Mohn –
der Zeit und Stunde fast entrückt.
Es war der Tagesmühen Lohn,
der Herz und Seele mir entzückt.

Doch ach, wie schnell erlosch die Glut,
so wie sie sinkt die Feuerkugel
und abtaucht in die weite Flut.
Die kalte Nacht zieht ein mit Jubel.

Als sie verschwand am Horizont,
und noch bevor die Nacht sich senkte,
noch eh´ am Himmel stand der Mond,
auf Wiederkehr sie Hoffnung schenkte.

Mit dieser Hoffnung kehrt ich heim,
um froh zum Schlafe mich zu legen.
Noch trunken von dem Sonnenschein,
wird er im Traum mich noch erregen.

Sterbende Hoffnung

Gefangen in einem festen Puppenhaus
war einst ein wunderschöner bunter Falter.
Er konnt` es nicht sprengen und kam nicht
heraus.
Zu lange verborgen, drängt nun sein Alter.

Er trommelt und beißt in seine Hülle;
doch nichts tut sich auf und schenkt ihm
Freiheit.
Wer spürt die Verzweiflung in dunkler Stille? –
So endet sein Kampf nach dem schlimmen
Leid.

Keiner kam und hat ihn herausgezogen
aus dem Panzer, der wurde ihm zum Grab.
Wie gerne wär er zur Sonne geflogen. –
Mit all seinen Träumen der Falter starb.

So kann es gehen in unserem Leben,
dass Hoffnung und Träume ummauert
sind.
Sie könnten uns so viel Schönes geben;
doch bleibt es dunkel, so sterben sie
blind.

Novembernacht

In dieser Nacht
sind alle bunten Blätter,
als ich erwacht,
bei schaurig kaltem Wetter
in ihren Tod gefallen.
Die Nebel drüber wallen.

Nun kahler Baum,
dahin ist alles Rauschen.
Ein Sommertraum! –
Wollt jetzt mit dir nicht tauschen.
Des Herbstes letzte Reste
sind blattlos nasse Äste.

Wo ist die Pracht
der tausend schönsten Farben?
Hatts´t keine Macht,
als sie dir all´ verdarben.
Genommen und im Wind zerstreut,
von aller Schönheit nun befreit.

Schon bald kommt Schnee
mit Eis und kalten Winden.
Das tut dir weh!
Wollt dir ein Licht anzünden;
Stürme bliesen´s wieder aus.
Ich floh zurück ins warme Haus.

Halt bitte stand
durch all´ die harten Zeiten! -
Ein buntes Band
wird dich, erwachst du, leiten
hin zu den schönsten Träumen:
Blüten schenkt es allen Bäumen.

Herbstlaub

Verschwenderisch o Herbst sind deine Farben
wieder!
Nur auf ein stilles Zeichen deiner großen
Kunst und Macht
verwandelt sich alljährlich die Natur in eine
bunte Pracht.
Der Bäume Blätter fallen auf die Erde nieder.

Und spielt der Wind die Melodie auf seinen
Geigen,
dann dreh´n sich raschelnd farbenfroh
geschmückt das Eichen und das Buchenblatt,
und auch das Laub der Linde mit dem Ahorn
tanzt sich satt.
So geht es hoch und nieder mit dem bunten
Reigen.

Kein einzig Blatt dem andern gleicht bei
diesem tollen Spiel:
Mit Braun und Rot und Gelb vermischt,
kein Maler kann es besser. –
Ruht dann der Wind, so ruh´n sie auch.–
 Durch Nebel feucht und nässer
erreichen sie, nun müde schon, ihr
vorbestimmtes Ziel.

Sie liegen dicht gedrängt und arg
zerzaust am Boden auf,
damit ein dicker, weicher Teppich
daraus werde.
Der schützt die Wurzeln und die Kraft
der Mutter Erde,
auf dass getrost erhalten bleibt des
Jahres bunter Lauf.

Lob an den Wald

O Wald, sollst uns besungen sein!
Ob dichtes Holz, ob lichter Hain,
mit deinen hohen Fichten,
die sich zum Himmel richten;
mit all den alten Eichen,
so weit die Äste reichen;
mit Buchen und den Kiefernstangen,
wo alle Vöglein fröhlich sangen.

Bewahrst in unsrer schönen Welt
mit deiner Kraft uns Wies´ und Feld
durch Wasserspeicher, reine Luft,
und aller Kräuter schönen Duft.

Lasst loben uns und dankbar sein,
und lasst den Wald uns schützen.
Er ist des Lebens gold´ner Schrein,
will uns und alles schützen.

Der honiggelbe
Dukatenbaum

Wechselvoll die Zeit, wenn der
Herbst die Bilder malt:
Nach Sturm und Kälte macht sich
heut die Sonne breit.
Vom Azur des Himmels mit Kraft die
Sonne strahlt,
da leuchten die Birken im
honiggelben Kleid.

Vor diesem Bild gebannt geht mir das
Herz weit auf
und ein großes Glücksgefühl erreicht
die Sinne.
Gold´ne Blätter spiel´n imLicht den
virtuellen Lauf,
auf das die Symphonie der Schönheit
wohl gelinge.

Ganz leise fallen zum verträumten Takt
Dukaten nieder
und bilden einen golddurchwirkten Teppich
aus.
Die Birkensträhnen singen leise
Abschiedslieder;
so geht mit Wehmut sacht das alte Jahr hinaus.

Das Jahr mit den 9 Monaten

Eine Erwiderung auf „Die 13 Monate"
von E. Kästner.

Es ist der erste zwar,
der uns bekannte Januar.
Der erste nach den üblichen Kalendern.
gefeiert mit Tara in allen Ländern.

Mit buntem Feuerwerk wird er umjubelt
und begrüßt,
und die Silvesternacht mit Sekt und viel
Likör versüßt.
Zwar kann der Januar mit seinen weißen
Flocken
die Menschen, groß und klein, aus ihren
Häusern locken.
Doch keiner streut ihm Blumen dar,
dem oftmals harten Januar.

Mit seinem Busenfreund, dem Februar
ist es ein Pärchen aus dem alten Jahr,
ein kalter Pups vom alten Mann
Dezember
aus dem dann längst vergessenen Kalender.

Erst mit dem März, April und mit dem Monat
Mai
kommt bunt geschmückt die junge Jahresbraut
herbei.
Sie lässt die Knospen schwellen und Blumen
bunt erblühen,
weckt Schmetterlinge, lässt Vögel her vom
Süden ziehen.

Das ist die wahre Stunde der Geburt!
Ab jetzt beginnt ein wunderbarer Spurt.
Denn aufgereiht so wie auf einer Perlenschnur,
schenkt frisches Grün und alle Früchte die
Natur.

Warmer Regen ließ die vielen Kräuter
sprießen;
schon springen Lämmer lustvoll auf den
Wiesen.
Der Kuckuck rief schon tagelang,
und bald erklingt der Nachtigall Gesang.

Doch dann: Das Leben kommt und muss
vergehen;
der Jahreskreis, er wird sich ewig
drehen.
Schon bald ist schöne Jugendzeit vorbei
und grünes Gras vertrocknet - wird zu
Heu.

Wenn es dann bald zum Ende geht,
der Wind das bunte Laub verweht,
dann sucht man letzte warme Strahlen,
sich auszuruhen, auszumalen,
ob denn das Neue schöner wird
und es Geschenke mit sich führt.

Ach, könnte man in jedem Jahr
November bis zum Februar
im warmen Heim zum Narren halten
und alle vier zusammenfalten.

Dann wären es im Jahr nur neun,
nur kurz müsst´ einem Kälte reuen.
Kein langes Heizen, Fegen, Streuen,
womit in diesen Monaten
alle ständig Sorgen hatten.

Ihr müsst begreifen und verstehen,
das Jahr beginnt erst mit dem Blühen.
Und auf das Quadro „Winterleid",
der Monat neun im ganzen Jahr,
als es nur kalt und dunkel war,
folgt frohe warme Sommerzeit.

Das Kunstwerk

Ein „Kunstwerk" stand auf einer Wiese
und vor dem „Kunstwerk" stand Luise.
Doch diese fand, am rost'gen Eisen,
war Kunst nicht wirklich zu beweisen.
Sie starrt nach oben und nach unten
und hat noch immer nichts gefunden,
woran man Kunst erkennen kann
und was ein Mensch sich hier ersann.

Luise fragt sich nach dem Sinn:
„Wozu man so etwas stellt hin?
Warum die Wiese hier verschandeln,
auf der man ungestört könnt wandeln?
Wer gab für Schrott das Geld hier aus?
War's aus dem Rathaus jener Klaus,
der das Kulturressort verwaltet,
sich nun als Schrottmäzen entfaltet?"

Am Ende stellte es sich raus,
der Künstler war ein Freund vom Klaus.
Damit die Freundschaft lange hält,
gab man für Schrott auch Steuergeld.

Luise ist enttäuscht und spricht:
„Warum fragt man die Bürger nicht,
bevor im öffentlichen Raum,
statt hier zu pflanzen einen Baum,
man sogenannte „Kunst" stellt auf,
schluckt die Kritik und pfeift darauf?"

Und wütend schreibt sie auf das Eisen:
„Wer kann ein solches Machwerk preisen?
Wer sollte daran sich erbauen?
Es schwindet an euch mein Vertrauen,
denn hier wird Kunst nur degradiert.
Ihr habt Euch vor dem Volk blamiert!"

Des Jahres schönste Zeit

Alles ist jetzt übersät
mit bunter Farbenpracht.
Ein Hochzeitsschleier ist gewebt
und alles jubelt, tanzt und lacht.

Verschwenderisch zeigt die Natur
den Traum von Schönheit weit und breit.
Wald und Wiese, Feld und Flur
tragen ein goldenes Sommerkleid.

Die Kirschen blankes Weiß versprühen.
Rote Farbkaskaden zeigt der Mohn.
Bizarr die Lilien erblühen.
Fürs neue Jahr der höchste Lohn.

O Zeit, wenn alles ist erwacht,
wie ist es dir gelungen?
Aus Winters langer, kalter Nacht
ist zauberhaft ein Lied erklungen.

Vorahnung

Bizarre Eiskristalle, die da glitzernd vor der
Scheibe hängen
und durch ihr leises Tropfen Kunde geben von
dem stillen Drängen
der Sonnenstrahlen, die des Frühlings erste
zarte Lieder singen,
erwärmen Herz und dein Gemüt in ihrem
kühlen Schwinden.

Noch träumst du hinter Fensterscheiben vom
warmen Sonnenlicht,
und sehnsuchtsvoll zu ihr, dem Born des
Lebens, erhebst du dein Gesicht.
Ein Lächeln lag auf dir, als dich der erste
Strahl der Sonne fand,
als ob die Liebste du in ihrer ganzen Schönheit
hast erkannt.

Frühlingsblumen

Die Blumen singen schönste
Frühlingslieder;
sie singen von dem ersten warmen Strahl
der Sonne
und zeigen ihre schönsten Kleider
wieder
der ganzen Welt zur Freude und zur
Wonne.

Alles strahlt im neuesten Gewande.
Die Blumen singen, alle Vögel stimmen
ein.
Zurückgekehrt aus fernen Lande
bau´n sie ihr neues Frühlingsheim.

Wo immer ´s Blümlein stehen mag,
im Garten oder zwischen dem Geröll am
Hang,
es kündet durch die bunte Pracht,
wie ihm so glücklich ´s Herze lacht.

Der weiße Traum

Wenn sich in den Höhen tausend
kleine Engel schwingen
und ihren Duft verbreiten gleich dem
frischen Himmelsbrot,
werden Melodien von Hummeln und
von Bienen lebensfroh erklingen.
Es ist der Mai, und alles atmet
frischen Frühlingsmut.

Sie ließen sich wie Trauben im Geäst
der alten Bäume nieder,
und wie im Trance begegnen wir am
Abend den Hauch von Flieder,
Mandel und Reseda.
Es singt die Nachtigall dazu die
schönsten ihrer alten, immer neuen
Lieder.
Es ist, als ob die Seele dir entschwebt
wie eine leichte Feder.

Was da emporwuchs, klein, verachtet,
oft von der Axt bedroht,
bewehrt mit spitzen, langen Stacheln
tausendfach an allen frischen Zweigen,
was sich behauptet hat bei Durst
und großer Not,
belohnt wird die Robinie hier mit
einem wunderbaren weißen Reigen.

Drum sei mit deinem Urteil nie zu
schnell,
wenn Unscheinbares sich dir zeigt!
Es könnte Großes einmal daraus
werden, schön und hell,
von dem betörend dann ein
Wohlgeruch entsteigt.

Getrennt

Wenn du deine Augen schließt,
steht ein Bild vor dir,
und es spricht mit sanfter Stimme:
„Komm und bleib bei mir!"

Wenn ich von dir lassen müsste,
keine Ruhe fänd´ ich mehr.
Herzenzqualen wär mein Los
bis zu deiner Wiederkehr.

Schau ins Herz mir – und du siehst,
dass ich mit dir nur glücklich bin.
Unsre Liebe unsre Treue
sei im Leben dein und mein Gewinn!

Schließ in deine Arme mich!
O, stille mein Verlangen!
Mein ganzes Sein erwartet dich;
vertreib das stille Bangen!

Hohe Zeit

Ein mächtiger Choral
gedrängt vom ungestümen Warten
riss mit der warmen Sonne
das Tor dem Frühling auf.

Da plötzlich bricht's hervor;
es keimt und treibt.
Aus jeder Knospe schwellend
tritt es hervor mit mächt'ger
urgewal'ger Kraft
im Schoß der jugendlichen Zeit.
Es sprengt, was schützend es verbarg
und wächst und breitet seine Arme aus
zum Licht. –
Bald blüht es, fruchtet:
Sinn der ewigen Natur.

O Mensch, geh an einem solchen Tag
einmal hinaus in die Natur!
Befreie dich aus deiner muffigen
Behausung!
Geh hin und spüre, was geschieht!

Der grüne Duft, die junge Farbenpracht,
die frohe Melodie der Vögel,
sie werden dir verraten was da wächst
und du wirst nicht mehr nur Beschauer sein. –

Es bricht aus dir ein neues „Ich" hervor,
alles spürend, sehend, hörend hebt´s dich
zum Licht empor.
Verjüngt bist du, darfst dich mit der Natur
erfreuen.

Solch eine Zeit, wenn du sie spüren kannst,
bringt Liebe nur hervor, nie Hass.
Bringt Zuversicht und nie Verzweiflung.
Und wenn du selbst ergriffen von diesem
urgewalt´gen Wachsen bist
und das „Warum?" in der Natur gelöst dir
scheint,
dann schenkst du Liebe, deine Jugend
und alles, was dein Sein verbirgt,
um in der Einheit zweier Herzen
das letzte, schönste und gewaltigste Geheimnis
in dir zu tragen,
fort in jenen grauen Alltag uns´rer Zeit.

Wild schlägt dein Herz.
Du eilst, um alles zu bereiten,
um zu besiegeln diesen schönen Bund
der Herzen,
um eins zu sein mit allen bunten
Blumen,
die darauf warten, dich als junge Braut
zu schmücken.
Geh und zeig dich ihnen, dass ihr
Wunsch dir heilig war!

Das Große in dir

Wie schön, im Buche der Natur zu lesen!
Schöner noch im eigenen Erleben
zu ahnen ihre Größe und ihr Wesen.

In allem, was wir spüren, sind wir ein Schatten
nur;
und doch verschwendet sie an uns
das tiefe, unbegreifliches Geheimnis der
Natur.

Welch unfassbare überschäumende
Unendlichkeit!
Mit vollen Händen schenkt sie hin
und offenbart sich dem Geringsten voller
Herrlichkeit.

Ein urgewaltiges Gesetz in unserm
kleinen Leben
erfüllt und macht uns fähig auch zu
Großem.
Doch bleiben wir Empfangende, was
könnten wir schon geben?

Da bleibt den Menschen Gottes
Allmacht stets zu preisen.
In seiner Güte nur liegt unser Sein
begründet.
Er wird uns seine Wege weisen.

Weihnachten heute

Ausgebreitete gläubige Herzen in Hoffnung
und Dankbarkeit,
loben die Liebe und Allmacht Gottes – für
unserer Rettung bereit. –
Verwirrendes Spiel und hektisches Treiben
in diesen Tagen,
verfallen in Perfektion, ohne den Sinn zu
erfragen. –
Irrlichter kindlicher Naivität und
Sorglosigkeit
erzeugen Vorfreude „glücklicher
Weihnachtszeit". –
Nihilistisches Grinsen, geboren aus
gleichgültigen Hirngewinden,
die weder verstehen, noch etwas empfinden.

Dazwischen die wahnsinnige Angst
und Not:
Nicht Mord zu besiegen mit all den
Facetten
und Frieden zu stiften, um Leben zu
retten.
Betrübnis: Zu lindern die Hungersqualen,
verhindert, das Nötigste zu bezahlen.
Hilflos zu sein bei Krankheit und Sucht,
ferne zu stehen bei Kälte und Flucht.
Einsame Menschen leiden zu sehen,
bei denen Vertrauen und Hoffnung
verwehen.

Da sprechen die Fäuste und eiskalte
Waffen
mit Auftrag zu töten. Auch Frauen und
Kinder
gefangen zu halten im Sommer und
Winter,
gepeinigt von Seuchen die Körper, die
schlaffen.

Weit sichtbar Städte und Dörfer brennen.
Nicht enden wollen die Schreie der Nacht,
weil Menschen sterben und um ihr Leben
rennen. –
Ist da noch einer, der darüber wacht?

Der eine bäckt Brot, der andere schafft
Waffen.
Der lindert Not, und jener will Reichtum
schaffen.
Da wird das Wasser vergiftet, dort der Wald
verbrannt. –
Gefahrvolles Triften hält alle uns heute
gebannt.

Aus unheilvollem Nebel erwächst uns die
Frage:
Strandet das Schiff oder kommt´s wieder in
Fahrt?
Bedrückt uns weiter die alte und immer junge
Klage? –

Es sei denn, wir würden erlöst und
bewahrt,
und Gottes Sohn würde uns wirklich
geboren,
wir nützten Verstand, Hände, Augen und
Ohren
und ließen uns auf seine Wege ein,
mit ihm und durch ihn zu einem neuen
Sein.

Sinn und Ziel müssen gefunden werden,
ausgelöscht die unheilvollen Begierden.
Dann gäb´ es ein neues Denken auf
unserer Erde,
eine neue Schöpfung mit göttlichen
Werten.

Das Leben ist im Tod begründet

Wenn im Samenkorn erwacht das Leben,
geht es sterbend von der Welt.
Auf bricht sein Leib mit starken Beben,
der vordem war ein schützend Zelt.

Dann schiebt sich unter starken Schmerzen
der Keim durch Krume und Gestein
sich an der Sonne zu ergötzen.
Längst sind vergessen Schmerz und Pein.

Aus dem nun fast schon toten Samen
erhält der Keim als letzte Gaben
zwei kleine Blätter noch geschenkt.
Schon ist die Wurzel eingesenkt.

Durch Wasser und die Sonnenenergie
beginnt in jeder kleinen Zelle,
gelenkt durch biochemisches Genie,
energetisch eine dauerhafte Welle.

Durch diese Kraft kann jede Pflanze
treiben,
ihr Volumen wächst und viele Blätter
sprießen.
Bald werden dann die Blüten noch
erscheinen;
wenn sich darauf die Bienen noch
einließen,
wird ein neuer Lebenskreis eröffnet.

Aus vielen Blüten entsteht so neues Sein
und hundertfältig ihre Frucht.
Zahlreich besiegelt sind sie zum neuen
Keim
im Kreislauf der Natur verbucht.

Freundschaft

Freunde haben sich gesucht und dann
gefunden.
Der Bund hält besser oft als gleiches Blut.
Freunde haben Ziele, sind mit sich verbunden,
bekommen für so vieles Kraft und Mut.

Wenn wir an Freunde im Leben denken,
in einer Welt voller Kummer und Leid,
weiß ich, dass sie uns Zuversicht schenken;
sie halten glückliche Stunden bereit.

Da gab und gibt es frohe Feste,
liebevolle Hilfe man ersann.
Auch ist es wohl das Allerbeste,
dass man sich Vertrauen schenken kann.

Doch es kann ein jeder Glanz recht bald
verblassen,
wenn ihm nicht dauerhafte Pflege widerfährt.
Möge uns der Wille dafür nie verlassen,
so dass die Freundschaft weiter lebt und sich
bewährt!

Licht und Schatten – unser Leben

Licht und Schatten unser Leben –
bunte Bilder der Vergangenheit.
Es war ein Kampf und stetes Streben
nach Glück und gegen manches Leid.

Nicht zu begreifen ist des Schicksals Macht.
Schau zurück auf all die Jahre!
Wie oft zogst du mutig in die Schlacht,
und wieviel Klippen musstest du umfahren?

Doch stets hat wohl das Herz gesiegt.
Es formt Gewissen – Geistes Kraft.
Nur der ist es, der untergeht,
wo Herzensgüte ist erschlafft.

Nur mit Fröhlichkeit und Mut
ist die Dunkelheit zu überwinden.
Mit frohem Sinn wird alles gut,
lässt auch am Wegrand Schönes finden.

Das sei des Lebens tiefer Sinn:
Das Schöne sehen und bewahren.
Gelingt es uns, so führt es hin
zu frohen, Glück beschwingten Jahren.

Zum Autor

Am 03.10.1935 wurde Wolfram Hahn in Halle (Saale) geboren und lebt seit über 50 Jahren mit seiner Familie in Werder (Havel). Er erlernte den Beruf des Gärtners und studierte nach dem Abitur in Berlin Gartenbau, wo er später auch promovierte. Schon seit frühester Jugend hat sich der Autor mit lyrischer Dichtung befasst und fand darin, neben der Musik, seine musische Erfüllung. In den Jahren ist die Anzahl seiner Werke gewachsen, die nun in dem ersten Band über die „Farben des Lebens" vorliegen.

Eine bereits geplante Veröffentlichung wird die zahlreichen politischen Gedichten des Autors zum Inhalt haben.

Inhaltsverzeichnis

Abschied und Wiederkehr   10
Alter Baum   50
Am Ostseestrand   181
Am Sonnenstrand   180

Bleib froh gesinnt   52

Carl Friedrich Zelter   73

Das Elbsandstein-Gebirge   90
Das Frühlingsspiel   13
Das Gänseblümchen   143
Das Glück der späten Jahre   53
Das Große in dir   214
Das Jahr mit den 9 Monaten   199
Das Kunstwerk   203
Das Leben ist im Tod begründet   220
Das Leid der Kinder   41
Das Lied der Nachtigall   7
Das neue Grab   126
Der Engelstrompetenbaum   98
Der honiggelbe Dukatenbaum   197
Der Kinderschänder   43

Der Stein 12
Der Tag der schwarzen Sonne 96
Der weiße Traum 208
Der Zeiten Strom 128
Der Zeiten Wandel 75
Des Jahres schönste Zeit 205
Die apokalyptischen Reiter 114
Die gelbe Symphonie 15
Die Kirschernte 183
Die weiße Pracht 182
Du Mensch hast es in deiner Hand –
                     Tod oder Leben 117

Erstes Frühlingslocken 31
Es kommt der Tag 112

Freundschaft 222
Frühjahr 24
Frühling 139
Frühlingsblumen 207
Frühlingsfreude 141
Frühlingshochzeit 62
Frühlingshoffen 61
Frühlingshoffnung 101
Frühlingstag 21

Garten der Stille   45
Getrennt   210
Gewissheit   23

Haben wir noch eine Chance?   38
Hass oder Liebe   121
Heimlich   63
Herbstes Blatt   65
Herbstblätter – Sinnbild vom
          Werden und Vergehen   36
Herbstlaub   194
Hochsauerland   137
Hochzeit   147
Hoffen auf Frühling   20
Hoffnung   26
Hohe Zeit   211

Im Wandel   33

Kinderglück   79
Königin der Nacht   17

Lebensabend   67
Letzte Blätter   35
Liebe   47
Licht und Schatten – unser Leben   223
Lob an den Wald   196

Maispaziergang 28
Meine Stadt Werder an der Havel 68

Nachbarschaft 78
Nach der Zeit 124
Nächtliche Wege 30
Novembernacht 192

Professor Karl Hagemeister 70
Pro Vita 145

Rote Tulpen 149
Rückschau nach fünfzig Jahren 110
Ruf an Pegasus 186

Schnell geht die Zeit dahin 85
Schwermut im Herbst 88
Sinnfrage 106
Sonnenglut 188
Sonnenuntergang 19
Sonne und Mensch 163
Späte Wünsche 158
Sterbende Hoffnung 190
Stille 167

Unser Leben 136
Unser Wissen 154

Vergänglichkeit 55
Vergissmeinnicht 185
Vergoldete Zeit 151
Verweht 179
Vision 168
Vorahnung 206
Vorübergang 165

Was die Liebe vermag 81
Wasser - unser Leben 103
Weihnachten heute 216
Wenn erst die Steine weinen 132
Wird die Liebe siegen? 171
Wir in unserer Zeit 156
Wolken 59
Wo sind die Jahre geblieben? 152

Zeitenwandel 57
Zum siebzigsten Geburtstag 173
Zum vierundneunzigsten Geburtstag
                    meiner lieben Mutter 160
Zuversicht 83

MIX

Papier | Fördert
gute Waldnutzung

FSC® C083411

Zeitfracht Medien GmbH
Ferdinand-Jühlke-Straße 7
99095 Erfurt, Deutschland
produktsicherheit@kolibri360.de